U0589162

名师名校名校长

凝聚名师共识
回应名师关怀
打造名师品牌
培育名师群体

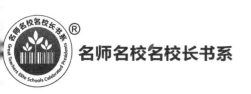

名师名校名校长书系

让学生在活动中成长

——初中道德与法治活动课程的
开发与实施

王 芳　董 志 / 编著

吉林出版集团股份有限公司
全国百佳出版单位

图书在版编目（CIP）数据

让学生在活动中成长：初中道德与法治活动课程的
开发与实施 / 王芳，董志编著. — 长春：吉林出版集团股
份有限公司，2019.5

ISBN 978-7-5581-7024-9

Ⅰ.①让… Ⅱ.①王… ②董… Ⅲ.①政治课—课堂
教学—教学研究—初中 Ⅳ.①G633.202

中国版本图书馆CIP数据核字（2019）第100600号

让学生在活动中成长：初中道德与法治活动课程的开发与实施
RANG XUESHENG ZAI HUODONGZHONG CHENGZHANG：CHUZHONG DAODE YU FAZHI HUODONG KECHENG DE KAIFA YU SHISHI

作　　者：王　芳　董　志
责任编辑：宫志伟　陈增玥
出　　版：吉林出版集团股份有限公司
发　　行：吉林出版集团社科图书有限公司
电　　话：0431-81629709
地　　址：吉林省长春市福祉大路5788号
印　　刷：吉林省长春凯旋印刷厂
开　　本：889mm×1194mm　1/16
字　　数：288千
印　　张：16
版　　次：2022年6月第1版
印　　次：2022年6月第1次印刷
书　　号：ISBN 978-7-5581-7024-9
定　　价：45.00元

编 委 会

序言 >>
PREFACE

为贯彻落实党的十八届四中全会精神，自2016年起，教育部将"初中思想品德课程"更名为"道德与法治"，2017年秋季，部编《道德与法治》教材在全国统一使用。《道德与法治》既是一门学科课程，也是一门特殊的、带有明显综合性的德育课程，是落实"立德树人"要求的重要蓝本；突显育人宗旨，更强调联系生活，注重实践导向。

为了使用好新教材，以王芳、董志为代表的淮安市广大思想品德同行紧跟课改的时代步伐，以"活动教学"作为研究的理论支撑及实践入口，深入研究教材，不断创新教法，以"道德、法治、心理、国情"为主题，创建了与教材配套的系列活动案例，其意义在于：一是有利于弥补学科课程的不足，与其形成互补。学科内容的确定性必然带来其相对滞后性，而活动作为学科内容的载体，是可选择、可调整的，能够依托并超越书本知识学习的局限；二是有利于优化学生的学习方式，全面提升学生的素养。学生的素养体系有两个维度，即"必备品格"和"关键能力"，活动是改善学生学习方式、提升学生学科素养的有效途径；三是有利于进一步改善教师的教学方式。新教材的使用对于教师的课堂教学创新实践而言既是机遇，又是挑战，之前探索积累起来的诸多活动资源及实践经验，已不能完全适用于新教材的教学要求。本书作为一种新资源，可以为教师的教学实践提供借鉴和参考，从而进一步优化教师的教学行为。

当然，此书只是提供了一种思路、一种样例，广大教师可结合自己的教育教学实际予以借鉴、优化、创新使用，以最大程度发挥其价值，共同为引导和促进学生思想品德及法治观念的发展做出积极的贡献。

顾润生

2019年1月于南京

（作者系江苏省中小学教研室教研员，江苏省政治学科特级教师，正高级教师）

目 录 ≫

CONTENTS

第一章

活动教学研究概述

一、研究背景

活动教学思想经历了一个长期演变、发展的过程，它是在不断批判以灌输、记诵、被动接受为特征的旧教育体系的过程中逐步确立起来的。这一思想最早萌芽于法国启蒙主义教育家卢梭的"直接经验"，他主张教育要适应儿童的自然发展，保持儿童的自然本性。卢梭从"感觉论"的立场出发，认为"我们真正的老师是经验和感觉"。因此，凡是儿童能从经验中学到的事物，都不要让他们从书本中去学。真正给活动教学思想发展以极大推动的是当代活动教育的集大成者——杜威。杜威系统提出并实践了以"做中学"为核心的实用主义教育思想。他认为教育应以儿童及其活动为起点、目的和中心，个体要获得真知，就必须在活动中主动去体验、尝试、改造，必须去"做"，因为经验都是由"做"得来的。

20世纪50年代，瑞士心理学家皮亚杰创立的发生认识论深刻揭示了活动在儿童认识发展中的根本作用，他认为活动既是认识的源泉，又是思维发展的基础，儿童思维的发展完全是儿童一系列不同水平活动内化的结果。

我国活动教学的研究，可追溯至20世纪二三十年代陶行知先生的"生活教育"实验和陈鹤琴先生的"活教育"实验。经过几十年的探索发展，我国不少中小学校在活动育人方面积累了大量有益的经验。九十年代初，国家教委正式将"活动课程"纳入九年义务教育课程计划，活动及其在人的发展中的作用也得到了应有的重视，活动课程的研究与实验逐渐达到高潮。

我们开展活动教学研究，是因为在教学实践中，我们切身感受到当前的思品教学弊病重重：仍以说教、灌输、填鸭式等教学方式为主，空洞且低效；偏重知识教学及技能训练；局限于教室、拘泥于教材；学生中普遍存在"知行脱节"问题，此乃学科尴尬和痛点。困顿中，我们将目光投向有关课堂教学的理论著作，寻求教学方式的变革。卢梭的"直接经验"、杜威的"做中学"主张、陶行知的"教学做合一"思想、陈鹤琴的"做中教、做中学、做中求进步"的原则等等，这些理论更新了我们的教学观念，开拓了我们的教学视野，我们从中找到了共性的元素——活动，并以此作为我们变革教学方式的理论支撑和实践入口。

二、研究过程

多年来，我们主要从以下方面开展了初中思品活动教学研究：

1. 日常课堂教学切入

首先尝试着从学生的生活实际入手，选用符合学生身心特点和兴趣爱好的各种活动，如故事教学、角色扮演、案例讨论等，这些活动受到了学生的喜爱和认可，使课堂变得情趣盎然、生机勃发。在此基础上，我们又进一步研读课标、梳理教材，以"道德、法治、心理、国情"为主题，设计了"认识类、体验类、展示类、制作类、实践类"等不同思维层次、不同空间维度的活动，并系统地运用于课堂教学中，力求解决学生对所学内容的认知、接纳及内化问题。

2. 课后行为作业跟进

初中生处于思想品德和价值观念形成的关键时期，在初中阶段帮助学生形成良好品德、树立责任意识和积极的生活态度，对于学生的成长具有基础性作用。但是，道德品质的提升不能靠简单的说教来实现，也无法通过书面作业来巩固，于是，我们设计了课后"行为作业"。"行为作业"是依据课堂教学内容而设计的，主要在班级、学校及家庭空间内开展，它会引导学生将课堂所学、所悟予以外化，并践行于各种活动中，如"班级道歉日""周末我最孝""校园小卫士""感恩教师节""幸福来牵手"等，以此丰富学生的道德情感、深化学生的道德认知、培育学生的道德品质。"行为作业"具有即时性、实践性、丰富性、个性化等特点，便于组织实施，具有传统"纸笔作业"无法承载的价值与功能。实施课后"行为作业"，旨在巩固教学效果，解决思品学科"重智轻德"的问题。

3. 公民教育活动拓展

课堂教学的时空相对封闭，导致了学校生活与社会生活的隔离，这种隔离使学生的学习孤立于社会生活之外，最终成为"理论的巨人，行动的矮子"。基于社会生活立场的公民教育实践活动是对思想品德课堂教学的全新拓展，它在学校与社会之间架设了桥梁，在课堂与生活之间铺设了通道，融通了教材的知识世界和学生的生活世界。它能将学生学习的触角延伸至课外、植根于生活，把学生的视野引向广阔的社会，让学生在生活中学习、在学习中实践，从而培养学生关注现实、关心社会的情怀。从2006年起，我们先后开展了多项公民教育实践活动研究。开展公民教育实践活动，可以延展教学时空，解决学生对所学内容的内化及践行问题。

4. 活动课程开发提升

当下的思品教学普遍拘泥于学科课程，而学科课程是以学科知识为本位，重理论、轻实践；另外，教材内容的确定性必然带来其相对局限、固化、滞后性。而活动作为教学的载体，是可选择、可调整的，能够依托教材并超越知识学习的局限，与教材本身形成互补与优化，使思品教学承载更加丰富的价值与功能。为此，我们开设活动课程的开发研究，用以丰富教学内容，解决学科课程相对固化、滞后的问题。

当然，我们的"活动课程"不是课程论中严格意义上的课程概念，只是基于核心素养的视角下，依据初中《道德与法治》新教材开发的一系列活动形式、方案及其运用策略的总称，具有以下特点：

（1）突破学科局限，强调学习内容的整合。学生的发展具有整体性，它不是不同于学科知识杂烩的结果，而是通过对知识的综合运用而不断探究世界与自我的结果。世界是整体的世界，学生发展是整体的发展，所以促进学生发展的活动也应该是整体的。因此，活动课程应该从整体上设计，要包括学生本人、社会生活和自然世界，要体现个人、社会、自然的内在整合，体现"道德、法治、心理、国情"的整合。

（2）注重活动过程的开放。就活动课程内容而言，它面向学生的整个生活世界，学生在活动过程中的体验是多层次、多角度、多方面的。活动空间也是开放的，有的活动在教室完成、有的活动在家里完成、有的活动在社区完成、有的活动则在社会实践中完成。

（3）重视直接经验，强调在体验中发展。体验是活动课程的中心概念，有经历、感受、遭受、阅历等多种含义。体验存在于活动、实践之中，通过活动、实践获得体验。活动课程重视活动、强调实践，注重学生处理生活世界系列关系过程中个人的亲身直接体验过程，也包括主观体验的过程，要求学生积极参与到各项活动中去，在"做""考察""探究"等一系列活动中应用知识，感悟人生，积累经验，建构意义，获得整体发展。

三、价值追求

《道德与法治》课程是一门以初中学生生活为基础，以引导和促进初中学生思想品德发展、法治素养提升为根本目的的综合性课程。帮助学生过积极健康的生活，做负责任的公民是该课程的核心。初中学生正处于身心发展的重要时期，自我意识和独立性逐步增强。在初中阶段帮助学生形成良好品德，树立责任意识、法治意识和积极的生活态度，对学生的成长具有基础性的作用。《道德与法治》课程的任务是引领学生了解社会、参与公共生活、珍爱生命、感悟人生，逐步形成基本的是非、善恶和美丑观念，过积极健康的生活，做负责任的公民。

初中学生逐步扩展的生活是课程实施的基础。思想品德及法治素养是人在对生活的认识、体验和实践过程中逐步形成的。初中学生生活范围逐渐扩展，需要处理的各种关系日益增多。《道德与法治》课程正是在学生逐步扩展的生活经验的基础上，与他们一起体会成长的美好、面对成长中的问题，为初中学生正确认识成长中的自己，处理好与他人、集体、国家和社会的关系，提供必要的帮助。

坚持正确价值观念的引导与学生独立思考、积极实践相统一是课程的基本原则。思想品德的形成和法治素养的提升，离不开学生的独立思考和积极实践，国家和社会的要求只有通过学生的独立思考与实践才能真正为学生所接受。《道德与法治》课程将正确的价值引导蕴含在鲜活的生活主题之中，注重课内课外相结合，鼓励学生在实践中进行积极探究和体验，并通过践行促进思想品德的健康发展。

为此，我们确立"和"的核心理念，"负责任"的教学宗旨，追求"与自我和解——对自己负责、与他人和睦——对他人负责、与社会和谐——对社会负责"的价值取向。

1. 与自我和解——对自己负责

与自我和解，包含三个层次，即认识自我、悦纳自我、发展自我。确定这一价值追求的原因是：处于青春期的初中生，受生理发育、学业竞争、亲子关系不睦、社会不利因素等影响，普遍存在困惑、迷茫、自我否定等负面心理倾向，甚至出现逃学、厌世、轻生等问题。通过活动教学引导学生学会与自我相处，在客观、全面、发展的自我审视与评价中，懂得悦纳自我、善待自我、超越自我。尤其在理想自我与现实自我发生冲突时，能够做到两个"自我"的互相妥协、协调相生，其本质上是倡导人对生命的敬畏与热爱，这对于学生个体、家庭、社会都有着重要的现实意义和长远的社会意义。这是"和"理念的基石，也是做"负责任公民"的基础。

2. 与他人和睦——对他人负责

与他人和睦，包含三个层次，即尊重他人、友善待人、帮助别人。确立这一价值追求的原因是：学生中有存在自私、冷漠、排他的心理倾向，这几乎成了独生子女的共性特征，校园欺凌、辱骂老师、伤害父母的现象也时有发生。这些问题的症结在于这些学生不懂得如何与他人和睦相处。通过活动教学，让学生在参与体验中丰富其情感体验，唤醒并增强其道德良知，从而在其生命中培植下真善美的生命基因，成为礼貌、友善、利他的人，其本质上是倡导人与人之间的互敬与互利。这是"和"理念的核心，也是做"负责任公民"的关键。

3. 与社会和谐——对社会负责

与社会和谐，包含三个层次，即了解社会、亲近社会、服务社会。确立这一价值追求的原因是：人的社会属性决定着人最终要走向社会、融入社会、与社会和谐共处，并在服务社会的过程中获得价值认定。活动教学，旨在组织学生参与社会实践活动，从而加深其对社会的认识，培育其亲社会的情感和行为，增强其社会责任感和参与社会管理的能力，并在维护公共秩序、保护社会环境等活动过程中实现"个人"与"社会"之间的良性互动，其本质是倡导人对社会行为规范与道德准则的尊崇与遵循。这是"和"理念的根本，也是做"负责任公民"的归宿。

第二章

2

活动教学实施路径

打造主体课堂　搭建活动教学的第一级平台

打造主体课堂是搭建活动教学的第一级平台。打造主体课堂主要是通过引导学生参与各种形式的课堂活动，以增强其主体意识，凸显其主体地位，发挥其主体作用，使其在自觉主动、自主高效的学习过程中掌握知识、提升能力、培养品格。

一、课堂主要活动类型

（一）价值引领类活动

"学校教育的关怀，意味着信任、意味着介入、意味着唤醒、意味着促进、意味着通过学校教育能使学生成长得更好。"人成长最核心的体现是精神生命的成长和精神境界的提升。然而，当前的教学过于注重知识的传授而忽视了对学生精神成长的引领，自私、冷漠、自我中心、唯成绩论等一系列问题层出不穷，令人尴尬，发人深省。针对这一现状，教师要在教学中开展价值引领类活动，促进学生的精神生命发展，引导学生成为友善、利他、勇于担当的人。

教学《授人玫瑰手留余香》一课，教师设计了"甜心活动"：

1. 每个学生分3粒糖，把糖送给想要感谢的人，要求在送糖时说出感谢他（她）的原因；

2. 活动结束后手中所有的糖果必须都来自于别人的赠予；

3. 全班同学一起参与送糖活动（教师可以先做一下示范，第一是让学生感到身边处处是值得我们感谢的人；第二是示范给学生应该如何向他人表示感谢。）

4. 交流分享：

师：刚才送糖对别人表示感谢的时候，你有什么感受？

生：感谢他（她）的时候，再次想起他（她）曾经对我的帮助，心里充满了温暖和感激。

师：刚才有人送糖给你表示感谢的时候，你有什么感受？

生：其实我也没帮什么忙，只不过是举手之劳，他（她）还记得，我很感动。原来举手之劳的帮助也可以让人感受到幸福和温暖，以后我会帮助更多的人。

"投我以桃，报之以李"，这样的活动自然真实。学生的情感真挚饱满、行为主动热烈、体验深刻丰富，他们在"送糖"与"收糖"间感受到了人性的善良与美好，在彼此的真诚友善中懂得了感恩与分享。他们的心灵因感动而细腻、因交流而欢喜、因丰富而成长。

（二）思想激励类活动

激励，是指通过外力激发人的动机和需求，调动人的积极性和创造性，使其朝着所期望的目标持续努力。渴望被赏识和激励是人的普遍心理，学生更是如此，自卑的学生需要激励，以重树信心；受挫的学生需要激励，以找回勇气；优秀的学生需要激励，以超越自我。

教学《我自信我能行》一课，在"正确认识并挖掘潜能"环节，教师设计了探究体验活动：潜能有多大？（给每组一只杯子，里面倒满水，并给每组准备回形针若干。）

师：杯子里已经装满水了，还能往里面放回形针吗？

生：疑惑、不确定。

师：从视觉上判断，似乎不能再往杯子里放任何东西了，这就是我们下意识地给杯子的容量设了限度，然而事实是怎样的呢？下面就分组实验，请小组成员依次往装满水的杯子里放回形针，水一旦溢出，则游戏失败，放回形针最多的小组胜出。

生：动手实验。（因为不确定能放多少，又害怕失败，所以学生都很谨慎，有的组只放了几枚回形针，最多的组也只放了26枚，水没有溢出。）

师：尽管放26枚回形针的小组胜出了，但是还能继续放吗？我们再来试试。（教师放入第200枚回形针的时候，学生全都惊讶地张大了嘴巴，难以置信。）

师：通过实验，大家有何感悟呢？

生1：真没想到，杯子已经装满水了，竟然还能放这么多回形针，但是我们害怕失败，都没敢去尝试更多。

生2：如同一杯水一样，我们每个人身上都蕴藏着很大的潜能，我们要有勇气去发掘潜能，挑战自我，以使自己更加优秀。

生3：很多时候，我们是被自己束缚住了，面对任何事情，首要的是要有信心，敢于突破自我。

"不登高山，不知天之高也；不临深溪，不知地之厚也"，这样的活动蕴含哲理、启人心智。活动中，学生经历着疑虑、纠结、惊叹和思悟，这种从心理的封闭保守到舒展豁然的体验过程，就是学生明理启智、积蓄心理能量的过程，它能使学生增强信心与勇气，进而突破自身的惰怠、松懈、自卑等种种心理滞碍，从而获得生命的成长与蜕变。

（三）社会适应类活动

人，既有自然属性也有社会属性，且社会属性是人的本质属性。初中阶段是学生社会化的重要时期，学校教育要培养学生适应社会的能力，为学生真正踏上社会、融入社会作必要的、充分的准备。培养学生适应社会的能力，旨在使学生懂得自身的角色定位，知道自身的需要必须切合社会实际、自身的行为必须符合社会规范、自身的价值实现必须系于社会大众的福祉，并学会与自我和解、与他人和睦、与社会和谐。人际沟通能力是学生融入社会的必备条件，因而培养学生的同理心，懂得与人交往时要学会换位思考尤为重要。

教学《己所不欲，勿施于人》一课，教师设计了"双手搭字"的游戏：

师（站在讲台上）：请同学们用双手摆出"人"的形状。

生：纷纷响应，双手摆好并保持形状。（绝大多数学生是左手在上，右手斜支着左手，故而，教师在讲台上看到的是一个个"入"字，只有少数几位学生双手位置相反，摆出了教师视角下的"人"字造型。）

师（不动声色）：老师请大家双手搭个"人"字，你们摆的是什么字？

生："人"字！

师：可我看到的却是"入"字啊？

生：噢，恍然大悟状，纷纷将双手位置调换。

师：请谈谈你们的体会。

生1：开始，我们只是站在自己的立场上，没从老师的角度考虑，虽然搭了"人"字，但不是老师想要的结果。

生2：如果不能为对方着想，我们的努力可能会事与愿违。

生3：我们懂得了与人相处时要换位思考，才能真正走进对方内心。

"将心比心，推己及人"，这样的活动简单有趣、发人深省。小游戏折射出大道理，通过体验，学生懂得每个人无时无刻不在与他人发生着密切联系，学会与人沟通交往是成长的必修课程，我们只有学会换位思考、将心比心、感同身受，才能到达彼此的心灵、才能拉近融洽的人际关系、才能为自身的成长和未来的发展赢得助力。

（四）亲情体悟类活动

家庭作为个体身心发展的重要环境，对学生的健康成长起着举足轻重的作用，良好的亲子关系可以在学生感到难过、迷茫、倦怠时起到抚慰、指引和缓解作用，为学生的学习生活提供精神动力和情感支持。然而，初中生正处于心理逆反期，对父母的教育时常表现出不屑、抵触，甚至有故意刁难父母之举，这些无疑都在破坏着家庭成员之间的亲密关系，因此，教师要加以正确引导。

教学《天下父母心》一课，教师设计了体验活动"依山傍水"。（每个同学准备两张纸、一支笔，其中一张纸叠成小船，另一张纸分成10个小纸片。）

师：父爱如山，母爱如水，和他们生活在一起，我们就是依山傍水。有一天，你乘船出去游玩，可以带上10样东西，你会带什么呢？请在10张小纸片上写上你最爱的人和最想拥有的东西一起出游吧。（每张纸片只能写一种，父亲、母亲要分开写，正常情况下，学生都会写上父母、金钱、事业、朋友等。）

生：按教师的指令完成任务。

师：当你们玩得正开心的时候，突然遇到了暴风雨，小船在大海中漂荡，眼看就要翻了。这种情况下，你需要丢掉一些东西，请你从带的10样东西中（包括亲人）丢掉5样，丢掉的东西就再也不会拥有了。

生：思索后从小船上拿走5样东西。

师：暴风雨仍在继续，且越来越猛烈，你需要再丢掉3样东西，虽然你非常不情愿，但是不得不这样做。（这个时候，大多数学生只留下了父母。）

师（待学生完成后）：风仍在猛烈地刮着，实在撑不住了，你必须再丢掉其中一个，请你快速做出决定。

生：不忍丢下父母，有的学生开始哭了。

师：此刻，你有何感受？

生1：我特别难受，我不想失去父母。

生2：平时没意识到父母如此重要，真的要失去时心里特别难受。

生3：以后我要对父母更好些，不跟他们怄气、顶嘴，我爱他们。

"谁言寸草心，报得三春晖"，这样的活动情深意切、感人肺腑。上述活动体验，能在一定程度上唤醒和增强学生对父母的依恋与感激之情，使他们懂得亲情的厚重与珍贵，从而自觉降低对父母的心理防御，进而促进双方的情感交流和心灵互通，共同营造出和谐温馨的家庭氛围。

（五）团队合作类活动

团队合作，指的是为了共同的目标，团队成员相互支持、协作、奋斗的过程。合作有利于优势互补，激发潜能，有助于人取得成功。现代社会，人的生存与发展尤其需要与人合作，因而培养学生的合作意识、合作能力及优秀的合作品质非常重要。然而，学生在集体活动中时常表现出自以为是、拈轻怕重、少付出、多享受、推诿指责等不良倾向，对此教师应加以引导和纠正。

教学《学会与人合作》一课，在导入环节，教师可设计"孤掌难鸣"游戏，（要求学生一只手完成鼓掌动作，为了完成游戏，学生自然地与同伴合作击掌。）这个游戏可以唤醒学生的合作意识，体会到与人合作的重要性；学习与人合作的方法时，教师可设计"逃生"游戏，（将若干系着线的纸球放入一窄口瓶内，并保证每次只能抽出一个纸球为宜，参与游戏的学生每人拎住1根线，待教师发出指令，将自己那个球拉出瓶子，视为逃生成功。）这个游戏让学生懂得"明确分工、相互配合、服从指挥"等重要的合作技巧与素养；在分享合作成果时，教师可要求学生"平分一块巧克力、一块饼干"等，使学生懂得要公平地分享合作成果，但公平是相对的，不能斤斤计较。

"一个篱笆三个桩，一个好汉三个帮"，这样的活动亦庄亦谐、以约驭博。通过活动，学生有了充分的体验、真切的感知、深刻的感悟，从而有效地提升了自身的合作素养和品质。

（六）案例研讨类活动

案例研讨活动，是在教师的引导下，以案例为基本素材，组织学生进行思考、讨论、交流、探究的过程，具有自主性、互动性、启发性、实践性等特点，会使所学理论知识变抽象为具体、变深奥为通俗、变枯燥为生动、变割裂为系统。组织案例研讨活动，可以给学生搭建主动开放的学习时空与平台，由此将学习过程推向深入。

教学《可持续发展战略》一课，为了使学生对所学内容有系统、整体、深入的感知，教师就以下案例设计了研讨活动。

[案例内容]：内蒙古某地发展羊绒衫集团→大力发展养羊业→草原生态失衡→经济萎缩→牧民贫困、大声疾呼。

1. 设计有价值的话题，这是开展研讨活动的前提。所谓有价值，是指问题要有开放性、综合性、拓展性，有利于引导学生从联系的、发展的、辩证的角度去思考，进而建构起立体的、系统的、深层的认知体系，有效避免知识碎片化的问题。针对上述案例，教师设计了如下三个问题：

（1）这个羊绒衫厂当初该不该建？

（2）这个羊绒衫厂现在还能否生存和发展下去？

（3）牧民的呼声给我们什么启示？

这三个问题，既尊重历史，又反思当下，更思考将来，具有时间跨度；

问题涉及经济、资源、环境、民生等内容，又有领域宽度；此外，问题还具有思维深度，学生必须作深入的思考、全面的分析方能有效答题。这样的问题有研讨的价值，能充分激发学生的探究兴趣、研讨热情，使学生有"心求通而未得，口欲言而不能"之感，有利于催发学生的智慧与创新。

2. 组织有质量的研讨。案例研讨的重点在于讨论和相互交流，这是开展研讨活动的关键环节。有质量的研讨基于学生有一定的知识储备，否则研讨只能流于表面，难以触及问题实质，活动也就失去了它的价值和意义。教师首先要引导学生带着问题认真阅读、学习相关内容，初步在知识与问题之间建立起联系，形成各自基本的认知和判断；在此基础上，教师要组建好研讨小组，并明确小组成员的分工，这是有序开展活动的保障；进而，教师要调动学生参与研讨、交流的积极性，因为"深度学习"的发生和维持需要学生对求知本身具有朴素自然的需求和真诚的热情；最后，教师还要运用积极关注、适时评价等手段营造民主安全、开放和谐的研讨氛围，使学生的思维得以激活、智慧进行碰撞、观点互相交融，从而帮助学生建立起全面、客观、辩证的认知体系，获得畅快、颖悟、充实的心理体验。

3. 进行有导向的梳理。案例研讨的最终目的是集思广益、达成共识，致力于迁移和实际运用。然而，仅靠学生自身的研讨是很难实现这一目标的，因此，在案例研讨活动的最后，教师必须进行有导向的梳理，对学生的研讨内容进行提炼、整合，使之更趋向系统、合理、可行，并做到理论联系实际、理论服务实际，充分发挥案例研讨活动的价值和功能。

（七）心理换位类活动

心理换位，就是人与人之间在心理上互换位置，针对人际交往中所遇到的问题，能设身处地从对方所处的位置、角色、情境去思考、理解和处理，深刻体察他人潜在的行为动机，充分理解对方，进而能消除误会、心理释然。对于中学生而言，其人际交往中的"对方"除了同学、朋友、老师、家长等之外，还包括自己，开展与他们之间的心理换位活动，可以为学生拓展多维的体验空间，进而帮助学生在体验、思考、感悟中调适不良情绪，建立良好的人际关系，促进身心和谐发展。

教学《消除烦恼悦纳自己》一课，教师组织学生开展了与"理想自我"之间的心理换位活动。

【活动背景】

处于青春期的初中生，心理微妙、复杂又善变，一方面对未来怀有美好的期待和憧憬，常常设计一个个"理想自我"；另一方面，又经常困惑、迷茫于学业、生理、人际交往等诸多问题，"现实自我"在屡屡碰壁中容易自我否定。教学中，可以通过开展与"理想自我"心理换位活动，引导学生学会与自我相处，在客观、全面、发展的自我审视与评价中，懂得悦纳自我、善待自我、超越自我，尤其在理想自我与现实自我发生冲突时，能够做到两个"自我"的互相妥协、协调相生。这对于学生个体、家庭、社会都有着重要的现实意义和长远的社会意义。

1. 设计导语，创设情境。导语要精要、恰当，能体现两个"自我"的互动性，同时要照顾学生的心理感受，避免引起他们的心理阻抗。另外，导语的设计要将教师的积极关注与正面引导蕴藏其中，育人无痕。创设情境时可以借助舒缓的音乐或是音乐相册等适宜的画面，教师本身真切的话语、真挚的情感、真诚的神态也有助于渲染氛围，带给学生以触动和感染。

上述活动中，教师设计了如下导语，并配以音乐，用PPT呈现出来：

（1）我们每个人都期待在未来能遇见更美好的自己，"未来的你"会是什么样的呢？

（2）现在，你的身上有哪些优秀的品质可以带到未来，送给那时的自己？

（3）目前，你会为什么事情而烦恼？在这些烦恼中，有哪些是"未来的你"仍会介意的呢？

（4）如果可以超越时空对话，你觉得"未来的你"会对"现在的你"说些什么？

这些问题指向学生的自我期待、自我认知和自我调适，比起教师的讲解与告知，更能促使学生深层思考、自我剖析及主动成长，对于引导学生正确对待、消除成长中的烦恼无疑起到事半功倍的作用。

2. 换位体验，记录感受。这是决定心理换位活动效果好坏的关键环节，其重要的是学生能够沉浸其中、深度体验，从而获得新的感悟、认知与成长，这也是心理换位体验活动的价值所在。教师应当走进学生中间，及时了解、适时指导督促学生的体验过程，并提示学生如实记录自己的内心感受，不要担心写得好坏，能帮助内心表达即可。学生可以打乱上述问题顺序，自由地进行内心的独白与对话，也可以偏重某个话题反复体验，直至自我满意、释然为止。

3. 交流分享，提升认识。通过交流，学生可以进一步梳理自己的体验和认知，对其积极的心理状态予以明晰、强化和巩固；其次，每个学生的体验和感受都是独特且珍贵的，通过分享可以起到彼此启发、相互借鉴的作用。同时，教师可以借此环节，加深对学生的心理体察、心理疏导，帮助学生剔除那些消极、晦涩、负面的心理成分，建构起积极健康的心理道德品质。

心理换位的过程，就是学生体验的过程、学习的过程、成长的过程，在多维体验中，学生的内心体验会更加丰富细腻，精神世界会更加澄澈明亮，由此形成的素养和能力会让他们受益终身。

（八）价值辨析类活动

价值辨析，是指在人的价值观形成过程中，通过分析和评价的手段，帮助人们减少价值混乱，促进同一价值观的形成，并在这一过程中有效地发展学生思考和理解人类价值观的能力。在思品教学中设计价值辨析活动，就是教师通过选取具有价值冲突的案例，为学生创设真实的思辨情境，引导学生在价值冲突中进行分析和评价，从而激发学生的求知欲望、提升学生的思辨能力、培养学生的理性精神。下面以法治内容教学为例，说明开展价值辨析活动的过程。

【法律案例】

河南安阳一所职业高中，女生A在宿舍休息，她的上铺B在上床时，因震动了床铺，使B床上的一面镜子震落砸伤了A的眼睛，而镜子是另一位同学C的。C当时不在，不知是谁把镜子放在B的床上，A把学校、B、C均诉讼至法院。从过错责任上看，三个被告均没有主观上的过错，如果法官判定三者都不承担责任，那么眼睛受伤的后果就要A一人承担，诉讼打了三年，A生活困难，经济窘迫。法律如果不给予她支持，会使她丧失生活的希望，看低法律的价值，使民心不服，并积少成多，从而成为社会不安定因素。

在上述案例中，A的眼睛受伤究竟该由谁负责，这是一个有争议的问题。教师以此创设情境，组织学生开展了价值辨析活动，主要环节如下：

1. 引发价值冲突。该案例中，谁该为A的眼睛受伤承担主要责任是很难判断的，这种有争议性的话题恰好能够激发学生探究学习的兴趣。他们通过小组讨论交流，发现大家对主体责任的分歧所在，由此也做出了各自的判断。

2. 收集法律依据。在学生作出判断后，教师不要急于给出答案，应该让学生自己去寻找法律依据，为自己的选择进行"辩护"。学生要学会运用多种途径搜集法律依据，如：网络收集法律知识、查阅法律书籍与报刊、询问专业人士（律师、法官）等。搜集法律依据的过程就是学生学习法律知识的过程。

3. 开展主题辩论。让选择不同立场的学生展开辩论，如：观点一"学校承担主要法律责任"，观点二"B和C承担主要法律责任"，观点三"A承担主要法律责任"。通过辩论，可以使学生的法律知识更丰富，法律运用更适切，法律思维更缜密。

在价值辨析活动中，学生通过"辨"和"析"实现自主学习、合作学习、探究学习。活动中，学生畅所欲言，敢于发表自己的观点，体现了思维的多元、差异与开放性，教师可以对学生活动过程中暴露的问题对症下药，适时进行正确引导，以完善学生的法律思维，坚定学生的法治信仰。

二、课堂活动的设计

（一）德育"导行活动"设计要点

学校德育的主旨是培育学生的思想品德，立德树人，其中，引导学生道德践行是德育的核心目标和关键所在。受教学时空等因素的限制，道德践行活动很难在课堂上直接开展，但教师可以设计开展德育"导行活动"，以促进学生知行转化，助推学生思想品德的自我构建。

所谓德育"导行活动"，即引导或指导学生道德践行的各种活动，是学生进行道德践行前的认知准备、情感铺垫和价值认同过程。具体来说，教师通过在课堂教学中设计蕴含道德行为规范的活动形式，并引导学生参与体验、感悟内化，进而促使其外化践行。

1."评选式"导行活动

所谓"评选"，即评比推选，是指将学生中先进的人和事予以发掘并放大，在班级树立看得到、学得来的道德典型，进而引导学生见贤思齐、争先创优，提升自身素质，以促进学生道德水平的整体提升。

课例一：

活动名称："荐"贤思齐。

活动要求：

（1）每组推荐一名"诚信少年"候选人，并列出具体事例，说明推荐理由；

（2）从候选人中选出最美"诚信少年"；

（3）为"诚信少年"颁发奖状。

活动过程：

（1）学生以组为单位，推选候选人；

（2）组长宣讲候选人事迹；

（3）发放选票；

（4）组织投票，班长统计每位候选人的得票数；

（5）邀请评委老师为获奖学生颁发"诚信少年"奖状，合影留念；（图

2-1-1所示）

（6）全班宣誓。

图2-1-1　诚信少年奖状

该活动名称精炼巧妙，将活动的目的、宗旨蕴含其中；活动要求简洁明确，易于操作；活动过程连贯紧凑，能紧扣活动主题并逐步推进；参与活动的主体是全班学生，但组织形式上有所变化，有组内研讨、全班互动，也有学生个体展现，使活动呈现出层次感和丰富性。

该活动的导行功能在于：有利于引导学生"学会发现、懂得欣赏、乐于学习"，其次，挖掘并塑造班级的正面典型，为学生树立"行"的标杆，使之学有榜样、学有目标，发挥其积极的导向作用。对于当选的"诚信少年"而言，在"组员推荐——组长宣讲事迹——同学投票——老师颁奖"正式且庄重的仪式中，他们的内心会受到莫大的激励和促动，其积极的思想和行为将得以强化和巩固，当选的荣耀和自豪将会转化成更坚定的信念和更坚实的行动。学生当中看似平常的事，其实都蕴藏着很大的正能量，评选的过程就是弘扬、传递正能量的过程，且有助于在班级营造崇尚真善美的良好氛围。

建议在颁奖环节结束后，让获奖的学生代表发言，给他们主动表达的机会，倾听他们内心真实的声音，这既是学生之间心理、情感互动共情的需要，同时也能修正学生的价值认知，提升学生的思想境界；最后的"全班宣誓"环节，教师用预设好的整齐划一生硬地捆绑住了学生的自由和主张，破坏了课堂彼时自在、灵动的节奏和氛围，如果换成学生自由畅谈"如何'荐'贤思齐"，则更有利于学生释放身心、抒发感受，营造真实、真切、真挚的情感氛围，增强导行效果。

2."反思式"导行活动

"反思式"导行活动，是指教师引导学生对自己的道德言行进行自我省察、自我剖析、自我修正。知人者智，自知者明，学生在不断的内省中可以做到反求诸己，有则改之，无则加勉，从而逐步走向成熟，变得深邃，臻于完善。

课例二：

活动名称：诚信修身守则。

活动过程：

（1）教师呈现课前问卷调查中学生诚信情况统计表，指出班级学生在诚信方面存在的共性问题；（图2-1-2所示）

图2-1-2　班级学生的不诚信现象

（2）教师出示"诚信修身守则"样例；

（3）小组交流、商讨，制订"诚信修身守则"；（图2-1-3所示）

（4）小组成员代表宣读守则内容。（随后贴至教师板书的相应位置）

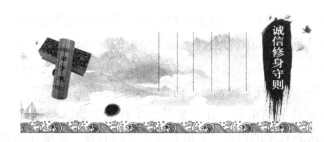

图2-1-3　诚信修身守则

　　该活动名称直接明确，紧扣课题，"修身"二字中肯、适度，易于被学生接受；教师提供样例，活动要求指向明确；活动基于调查的真实数据而开展，做到"问题源于学生实际""方法指导学生生活"，可谓"对症下药""学以致用"。学生在活动中经历"内省、思悟、交流、分享"的心理历程，价值取向越加正向、澄明。

　　该活动实质是一种"走心德育"，其导行功能在于：使学生能勇于反思自己、正视不足、乐于接纳他人建议，进而明确目标、自觉修为。"评比式"导行活动是聚焦先进典型的闪光点并放大其积极效应，"反思式"导行活动则是"透视"每位学生的不足点，促使其在客观的自我认知和评价基础上自查自纠、砥砺前行。

建议在小组商讨前，让学生先进行自省自悟，以激发其主动性、内驱力，使活动在学生自觉自愿、主动积极的心理状态下进行，这样，在随后的研讨环节中，学生才有可能言由心生、畅所欲言；另外，要持续发挥"诚信修身守则"的导向功能，并不是简单地"一贴了之"，可以将各小组的"诚信修身守则"中的内容进行提炼、整合，汇编成"班级诚信守则"，做到学科教学与班级德育工作有机融合、相互借力、形成合力。

3. "倡议式"导行活动

"倡议式"导行活动，是指教师指导学生将相关的道德标准和行为要求予以提炼总结，并采用倡议书的形式进行宣传发动，其意在劝勉他人，实质是告诫自己。通过倡议活动，可以使学生达成认知共识，形成心理默契，从而对道德要求心领神会并积极落实。

课例三：

活动名称：××学校打造诚信校园倡议书（图2-1-4所示）。

活动要求：

（1）倡议的内容要告知大家怎么做；

（2）设创意分，以三字词语、四字词语的形式表达，打油诗亦可。

活动过程：

（1）小组讨论，商定倡议书的内容；

（2）组员代表上台展示，教师点评、引导，并给予相应加分。

知行合一：

曙光双语学校打造诚信校园

倡议书

亲爱的同学们：
　　诚信不仅是一种品行，更是一种责任；不仅是一种声誉，更是一种资源。为了增加自己的信用，特此向同学们发出以下倡议：
　　要求：
　　小组合作交流，集思广益，专人记录，推选代表，展示成果！

　　此题加有创意分，你们可以用三字词语、四字词语、打油诗等形式呈现！

图2-1-4　倡议书格式及要求

该活动名称质朴平实，能将学科教学活动与学校德育工作有机结合起来；倡议书具有广泛的群众性，可以在较短时间内较大范围地调动学生的积极性；教师增设创意要求，使活动过程更生动有趣、倡议内容更通俗易懂，同时能充分激发学生参与活动的热情和智慧，促使其进行个性化的表达和展现。

该活动的导行功能在于，倡议书实质是一种建议、倡导，它不会给人一种强制的感觉，所以能在轻松的倡导中启迪心智、唤醒心灵、激发潜能，使学生在真善美的舆论氛围中深受鼓舞和教育。

笔者建议将学生的倡议内容提炼、整合，以班级的名义，通过国旗下讲话或张贴至学校橱窗等方式向全校学生发出倡议，这样既可以延伸、放大德育效应，也能增强学生对思品学习的兴趣与热情，使之享受到思品学习的快乐与成就感。

上述德育导行活动虽形式各异，但本质相同，且殊途同归。都能为学生搭建道德认知的平台，创设道德感悟的情境，既为学生指引了品德建构的方向和路径，也增强了学生的道德意志，激发了学生道德践行的动力与自觉。

当然，"德育导行"只是手段，"道德践行"才是目的。为了巩固德育导行活动的效果，教师还要设计、开展一系列课后延伸活动对学生的"道德践行"情况予以监测评估和督促强化，以进一步促使学生的知行合一。

（二）法治活动设计要点

2016年颁发的《青少年法治教育大纲》中提出，要综合开展故事教学、情景模拟、角色扮演、案例研讨、价值辨析等多种教学活动，使学生初步树立法治意识，养成尊法守法的行为习惯，为培育法治观念、树立法治信仰奠定基础。

教师在设计与组织活动时要"求真务实"，降低法治教学与学生之间的疏离与隔膜感，充分发挥活动在法治教学中的独特功能和价值。

1. 角色扮演要基于"真材实料"

角色扮演，是一种综合性、创造性的互动活动，是对现实生活的再现与加工。学生通过角色扮演活动，可以分享和感知经验与心得，亲身体验和实践他人角色，从而更好地理解他人的情感和处境。法治教学中开展角色扮演活动，旨在以其生动的形式活跃课堂氛围、以其鲜活的内容丰富课堂内涵、以其蕴含的哲理提升课堂意蕴，带给学生欣赏、品悟和启发，促使学生认同、内化和践履。

角色扮演活动涉及很多环节，其中基于"真材实料"设计脚本是活动有效开展的前提。所谓"真材实料"，即素材来源要真实，要贴近学生的生活实际。《思想品德课程标准》中也指出，"教学要以学生不断扩展的真实生活为背景"，只有真情境、真问题，才会引发真思考、真感悟。

某教师在教学《道德与法治》七年级下册"特殊保护的四道防线"时，为了让学生感受到来自家庭、学校、社会、司法的保护，设计了角色扮演活动《小明的一天》，共11幕，其中第一幕有关"家庭保护"的内容如下：

早晨，闹钟准时响起，小明起床了，妈妈为他准备好营养丰富的早餐。吃完饭，小明背起书包去上学，妈妈叮嘱他天凉了加件外套，爸爸递给他一把雨伞。

现在的学生家庭特别是身处农村的，其父母平常都在家的有多少？那些单亲家庭、和爷爷奶奶住在一起的、常年住校的学生，他们的早晨会有谁陪伴？他们又感受着怎样的家庭保护？经了解，该教师授课班级学生全部住校。显然，上述活动忽略了这些问题，教师虚构了一个"小明"，人为编造了相对偏窄的"家庭关爱"，虽然其中也闪现着部分学生的生活片断，但就活动的内涵而言缺乏真实性、丰富性和普遍性，扮演者和观众的反应都很平淡，随后的交流也是敷衍肤浅。活动没能发挥其应有的价值与功能，根源在于脱离了学生的真实生活。

教学要贴近青少年生活实际，注重内容的鲜活。就上例而言，教师可以事先开展调查，了解学生"家庭保护"的真实情况，这样既提炼普遍性，又兼顾差异性，在活动中糅合体现；也可以放手让学生自编、自导、自演，他们可能会演绎某一个（类）学生的真实生活，或许会来一个生活情景"串烧"，他们所展示的"家庭保护"或平淡真实、或令人唏嘘、或温馨感人。总之，聚焦学生的真实生活进行截取和剪裁，才能为学生创设真实的体验情境、搭建真实的对话平台，从而使学生能有真挚的情感共鸣、明晰的价值认知及自觉的行动践履。

2. 主题辩论要引发"真情实感"

主题辩论是常用的一种教学活动，通常设正反两个辩题，让学生围绕各自的观点进行思考、交流、辩论，它的突出作用在于培养学生的语言表达能力和思维的深刻性、思辨性，引导学生学会客观、全面、辩证地看待事物。法治教学中组织辩论活动，不仅可以有效化解价值冲突、道德两难等问题，还可以营造出模拟法庭的逼真氛围，彰显法律辩论活动的智慧、思辨、缜密之美。理想的辩论活动既需要学生的知识储备、技巧展现，也需要学生的情感融入，只有做到"情理"交融，辩论方能兼具思维深度和人性温度。

还是《特殊保护的四道防线》一课，教师就书本中的辩论话题组织了主题辩论活动：

辩题：正方——"任何时候都不能打骂子女"；反方——"适度打骂有利于子女成长"。

辩队组成：正方为一、二两组学生；反方为三、四两组学生。

活动过程：

（1）学生分组讨论、交流；

（2）展开辩论；

（3）双方总结陈词；

（4）教师点评。

从"辩队组成"可以看出，教师没有征询、尊重学生的真实想法，直接采用按座位"切块"的方法组建了正反两个辩队。这种做法无疑是对学生自主学习权的侵犯和剥夺，教师粗暴地打断了学生彼时的学习思绪和情感，束缚了学生的思维和个性。面对教师强加的辩题，为了完成任务，部分学生只得临时切换思维、改弦易张、匆忙上阵，何来真情实感、感同身受？这种"辩论活动"不是为学生的学习而"设"，而是为教师的教学而"秀"。

其实，上述辩题正好切中学生的成长"痛点"——普遍遭受过父母打骂。教师只要通过合理分组就能激发学生参与活动的热情，"引爆"学生的真情实感，从而优化活动过程，提升活动效果。以下是"现场调查"＋"问题筛选"的分组方法：

哪些学生被父母打骂过？其中，哪些同学觉得曾经的打骂是适度的（而不是家暴）？哪些学生觉得适度打骂有利于自己成长？然后将筛选出的这些学生编入反方辩队，即"适度打骂有利于子女成长"；其余学生则编入正方辩队，即"任何时候都不能打骂子女"。

这样分组尊重了学生的真实诉求，有利于激发学生参与活动的主动性、积极性，表达自己的真情实感、真知灼见；另外，同组的学生会因彼此的"所见略同"而拉近情感距离，有利于促使他们开展深层次的讨论与合作，进而在辩论中能同心协力、彼此借鉴、共同成长。

3. 案例研讨要寻求"真凭实据"

案例研讨活动，是在教师的引导下，以案例为基本素材，组织学生进行思考、讨论、交流、探究的过程，其具有互动性、启发性、实践性等特点，使所学理论知识变深奥为通俗、变割裂为系统。组织案例研讨活动，一定要基于真实的视角，尤其是法治案例研讨活动更讲究"真凭实据"，唯此，活动才能发挥集思广益、观照现实、学以致用的功效。

某教师教学《道德与法治》八年级上册"善用法律"一课，设计了案例研讨活动，如下图2-1-5所示：

一天，中学生小华从超市出来，门口的报警器突然鸣叫起来，保安让小华再次通过报警装置，报警器仍然鸣叫。保安就将小华带到走廊询问，并强迫小华脱下衣服接受检查。因没有发现任何物品，小华才得以回家。事后经查证，小华的妈妈曾在这家超市给他买了一双旅游鞋，因商场消磁器出现故障，旅游鞋没能消磁，导致报警器鸣叫。

图2-1-5 案例

研讨话题：

（1）你怎样评价保安的行为？

（2）小华该如何讨回公道？

活动要求：

① 有专人记录。

② 每组至少推荐1位代表发言。

③ 发言声音洪亮。

学生分组讨论后的发言：

生1：保安的行为是错的，他侵犯了小华的合法权利。

生2：小华应该和超市老板交涉，索要赔偿。

生3：保安对小华很不尊重，小华应该报警。

教师小结：同学们说的都有道理，能从不同的角度分析问题。

虽然该活动组织有序，学生发言也积极主动，但笔者认为，从活动的设计、组织到研讨的结论都偏离了"法治教育"的主题，缺乏令人信服的真实依据和理性思考，失去了帮助学生掌握法律知识，培养学生法治精神和法治思维的功效。存在的问题具体表现为：

活动设计环节：在"活动要求"中，没有涉及任何法律方面的内容。

活动交流环节：学生只是结合自身的认知作浅层思考、感性评价，并没有陈述相应的事实理由和法律依据，虽然有两名学生提到了"合法权利及报警"，但他们未必清楚相应的权利名称及具体法律条文。教师的总结也暴露出其教学思路的偏颇和活动组织的失当。显然，教师在引导学生学法、懂法、用法方面存在着明显的疏漏。

其实，解决这些问题并不难。首先，教师要转变教学观念，建立公开、开放的课程观和资源观，将法治课堂植根于社会生活中，从中寻找源头活水，选取典型案例；其次，在"活动要求"中明确引导学生"结合相关法律分析"，这样，学生在研讨时就会有意识地查找和运用相关法律；再次，可以调整教学思路，将研讨活动的"准备环节"前置，放手让学生去为自己的观点寻找"真凭实据"：学生或通过网络查找案例，寻找"事实依据"；或阅读法律文本，寻求"法律依据"；或咨询法官律师，了解"专业见解"，他们会通过多种途径学习法律知识、了解维权途径，逐步构建起全面立体的法治思维结构。这样，在研讨时学生因"有备而来"，才会做到有的放矢、有理有据，而不是主观臆断、人云亦云。

活动，是深受学生喜爱的一种教学形式，尤其在法治教学中，各种活动的开展能使法律知识化抽象为具体、变枯燥为生动，学生在"以案说法""以例释法""价值辨析"等活动中可以进一步感悟法治精神、坚定法治信仰、参与法治实践、提升法治素养。广大教师要秉承"活动基于学生实际、活动切合学生需要、活动促进学生发展"的原则，在活动的设计和组织上求"真"务"实"，充分发挥各种活动的教学效益，体现其应有的价值与功能。

（三）心理活动设计要点

心理健康教育是《道德与法治》教学乃至整个教育的重要使命，教材是实施心理健康教育的主要依据。然而，教材内容的确定性必然带来其相对局限、固化、滞后性，面对学生不断发展变化且复杂微妙的内心世界，教师要对教材中心说部分内容做适时、适当的删减、补充及优化，并且设计出能同时集纳、背负"活动化""生活化""素养化"的各种活动，才能使教学不断适应并满足学生的心理需求，提高教学的针对性和有效性，发挥心理健康教育独特的功能和价值。

1.活动名称要正向简明

俗话说"秧好一半谷，题好一半文"，一个恰到好处的题目确实能够起到画龙点睛的作用。心理活动名称首先要"正向"，即蕴含正能量。开展心理活动，旨在引导学生通过活动体验祛除内心阴郁、灰色、负性的成分，以期在学生心田播撒进更多阳光、温暖、积极的种子，而这首先要从一个"正向"的活动名称开始。如培养学生好习惯的一组活动名称可以是："做一个好'听众'""我的书包，我整理""我是写作业的'快枪手'""一切尽在计划中——合理利用时间""学会赞美"等；反之，如果把题目设计成含有负面因素的名称，如"面对欺负""嫉妒是红眼病""改变自负"等，就会给学生带来负面暗示，使其产生压抑感，或是有戒备心理，那就谈不上敞开心扉了。

心理活动名称还要尽量简明、直接，不能含糊、冗长，更不能弄得像论文题目。如"打破思维定式，培养创新思维""学会处理亲子关系，双方怎么做"，这些题目怎么看也不像心理活动，给人感觉是教师要展开长篇大论，如果改为"奇思妙想——我能行""亲情一线牵"则更加合适。

2. 活动主题要贴近实际

心理活动的主题至关重要。《中小学心理健康教育指导纲要》要求：心理健康教育在内容选择上应实事求是，分类指导，选择一切贴近学生学习和生活实际的典型事例作为活动内容。教师在选题上应从生活逻辑和问题逻辑出发，根据学生心理发展特点和身心发展规律，根据本校、本班学生的实际情况，有针对性地选择密切贴近学生生活的，学生最渴望得到解决的问题作为主题。

教学《道德与法治》七年级第三课"青春畅想曲"时，为了帮助学生体会青春的美好，感悟青春的内涵，运用科学方法化解青春期烦恼，学会悦纳自我，教师设计了"青春畅想"主题的情景剧创作展演活动。

【活动过程】

（1）教师列出备选主题：亲子沟通及逆反心理（独立性和依赖性）、学业成绩及师生关系、青春期的烦恼（生理变化和心理调节）、个性的优化（自制性和冲动性）、学会适应新环境和克服沟通障碍、遭遇挫折和变故后的心理调节、男女生交往带来的困惑、与同学和朋友交往中的困惑（封闭性和开放性）、追星现象、梦想与追梦……

（2）学生根据主题分组编写剧本。要求：①题目自拟；②注意剧本的完整性，既有问题的呈现，也有相应的解决对策；③剧本切合实际，易于表演，适当考虑表演的场地、道具需要；④倡导原创，鼓励改编，拒绝抄袭。

（3）教师对剧本进行遴选，安排学生分组排演。

（4）学生在活动课上进行展示。学生评委打分、点评、评奖；老师点评和总结。

该活动从设计到组织都能坚持贴近生活、贴近学生、贴近实际。首先，"备选主题单"全部针对学生当前心理发展过程中急需解决的问题而列，并且由学生自由选择，充分尊重了学生的真实意愿；其次，要求学生自主编写剧本，可以充分挖掘出潜藏于学生生活实际中的宝贵资源，使学生的心理状况得以真实、个性化的展现，便于教师全面了解学情，了解学生，从而给予他们针对性地疏导与帮助。因为贴近学生实际，满足学生心理需要，所以学生参与活动的热情高，从而使得活动开展顺利，取得了预期效果。

3. 活动环节要层次分明

教师在设计心理活动时，要围绕一个核心话题展开，过程要流畅、层次要分明，内容设计要有梯度，体现逻辑性、层次性，使整个教学过程主题鲜明，逻辑严密，有一种行云流水般的曲线美和渐入佳境的流畅与整体感。

教学"挫折也美丽"一课时，教师设计了以下活动环节：

体验游戏，感受挫折：

（通过游戏暖场，引导学生初步感受挫折、了解挫折，认识到挫折在生活中是不可避免的，为下一环节作好心理铺垫。）

案例启迪，正视挫折：

（案例：班级学生王训洲的父亲身患白血病，王训洲为了救父亲，在短时期内增肥，同时还要照顾自己，忙于学习。骨髓移植手术很成功，父亲得救了，王训洲却一时难以减肥，学习成绩也有所下降。通过这一真实案例启迪学生，挫折难以避免，当它来临时，要勇敢坦然面对；其次，让学生学习身边的榜样，增强战胜挫折的信心和勇气。）

寻求方法，应对挫折：

（将学生分组，就王训洲同学所遭遇的挫折献计献策，帮助他克服困难、走出困境；请王训洲同学与大家分享自己的方法和经验，给其他学生以触动和借鉴。）

拓展应用，战胜挫折：

（教师课前通过问卷了解每个学生当前遇到过哪些挫折，在本环节中，将写有学生挫折的纸条随机发给全班学生，要求一对一帮助对方战胜挫折，在这一过程中，不只是为对方提出建议，在日常生活中彼此之间更要关心帮助，将"好建议"化为"真行动"。）

教师围绕关键词"挫折"，设计出"感受——正视——克服——战胜"四个层层推进、有机衔接的活动环节，遵循了知、情、意、行的认知规律，便于学生理解掌握；其次标题凝练、简洁，层次分明，体现出递进的逻辑关系，也凸现了心理活动教学的体验疏导、学以致用的价值与功能。这四个主要活动环节是对课堂教学进行的简化设计与弹性预设，其间，学生可以充分地参与、畅快地表达、尽情地展示，使课堂充盈着舒展、自由、灵动的气息，从而教学的主体性、生成性、有效性的理念也得以充分体现和高度融合。

　　教材是学科教学的核心要素，也是教学质量提升的主要载体。通过对《道德与法治》教材中心理活动的优化设计，可以增强其丰富性、时效性及适切性，从而使其承载更为丰富的价值与功能，为学生的健康成长提供源源不断的给养与动力，使《道德与法治》教学焕发新的生机和魅力。

第二节 实施行为作业 搭建活动教学的第二级平台

实施行为作业是搭建活动教学的第二级平台。传统的课堂教学主要以知识教学为主，所以传统的学科作业基本上都是知识认知层面的阅读或书面作业，很少涉及学生的实践行为。在新课程改革的推动下，特别是课程实施的活动化、生活化诉求为行为作业形式的探索与创新提供了可能。

这里的"行为作业"是依据课堂教学内容而设计的，主要在班级、学校及家庭空间内开展，旨在引导学生将课堂所学、所悟予以外化、践行的各种活动，如"班级道歉日""周末我最孝""校园小卫士""感恩教师节""幸福来牵手"等。"行为作业"是对课堂教学空间的延展，是对课堂学习内容的巩固及践行，也是学生融入社会生活前的准备和训练，具有即时性、实践性、丰富性、个性化等特点，便于组织实施，具有传统"纸笔作业"无法承载的价值与功能。

一、行为作业有利于增进认知与身体、情境的亲切，释放知识的生长空间

行为作业的探索是具有前瞻性的，它将知识的学习与学生的行为相结合，表面上是在践行"学以致用"的古训，而本质上则是对课程知识观的一种超越，使得知识学习与学习者身体在一定的现实情境中有了愉悦接触的可能。

二、行为作业有利于实现学生成长中主体性与过程性的统一，培植完整的人

"知识立意"下的学科教学，在方法层面习惯于采用说教的方式，满足于"授人以鱼"。新课程改革以来，"能力立意"的要求促使很多教师关注"授人以渔"。学生的成长是知情意行的有机统一，传统文本作业较多关注的是学生道德认知的达成状况，而忽视了道德情感、意志和道德行为的培育，即便有关注，也只是关注学生对道德情感、意志和行为规范的认知。

三、行为作业有利于促进课程及课程资源的整合，提升学科教学的课程品质

作为课堂教学的补偿，传统的文本作业追求的是本学科知识的巩固。而在新课程理念中，作业是课程实施的重要组成部分，具有相对独立性，所以学科作业必然关注本课程所承载的学科价值。行为作业的设计正是加强了知识与文化的联系，使知识学习从纯文本的符号化存在，走向社会文化的生活化存在。

平心而论，行为作业的探索极大地开拓了学科教学的视野，促进了课程与生活的融合，对于学生的德性养成和核心素养的培养具有重要价值。但是，从实践情况来看，行为作业的教育价值实现还存在以下诸多困难：

（一）指向单一制约着行为作业的内容选择

虽然行为作业关注学生的行为呈现，但是在实际操作过程中，"知识立意"的课堂教学还是占据较大比重。很多时候，行为作业只是表现为对学科知识的应用或验证，而不是基于学科知识学习的探索与创生。教师是行为作业的唯一动力源，教材则是内容选择的唯一依据。因此，行为作业往往只是教师根据教材知识的特点来安排，严重制约了行为作业的内容选择。

（二）形式单调制约着行为作业的达成效果

就《道德与法治》课而言，虽然各个学段略有差异，但是总体上看，行为作业的形式不是很丰富，主要就是社会走访和社会调查，缺少真正的行动意义。严格来说，当下的很多行为作业只是一种教师设计的知识蓝本的行为模拟，学生只有执行权，没有话语权和参与权，其缺乏对学生的兴趣调动和主动性激发。很可能存在同一个话题（如环保、零花钱使用等），学生会在小学、初中和高中都有涉及，而且形式雷同。

（三）评价滞后制约着行为作业的价值呈现

从现实的情况来看，目前行为作业的评价主要还是一种文本化的评价，其评价方式和主体都比较单一且评价的诊断和促进功能发挥不充分。绝大多数教师的行为作业要么是不需要呈现，要么就是以报告、感想等文本形式呈现。

为充分发挥行为作业的价值与功能，教师在设计、实施、评价时应做到"变化多端"。

1. 作业设计应该"千变万化"

（1）从专制走向民主，体现自主性。传统的作业，多是教师"教的补充与强化"，其"形式单一、要求统一、答案唯一"，死记硬背、机械重复与模仿

的痕迹相当重，学生的主体作用常常被忽略，其个体智慧、情感、态度、创造与实践等极其重要的成长元素被冷落。往往是在课堂结束时由老师统一布置，学生只能接受并按要求完成，不能"讨价还价"。其次，全班学生不分个体差异，大家统一标准，出现了"优生吃不饱，中等生吃不好，学困生吃不了"的现象。甚至还会出现优生嫌简单马虎了事，学困生觉得难抄抄了事。因此，作业的设计与布置应尊重学生的实际需求，还学生自主选择的权利，让作业成为学生自觉的生活需要、学习需要，而非强加给他们的"沉重的负担"。同时，既考虑到学生的群体特点，更要兼顾个体差异，不能为了便于老师的"可操作"，而搞"统一式""一刀切"，要真正做到因材施教，体现个性化作业。

（2）从封闭走向开放，体现实践性。传统的作业是封闭的，从内容、形式到答案无不如此，长期简单重复的模仿训练，严重遏制着学生的创新思维和创造能力，而设计开放性作业，则为学生提供了创新的乐园。

形式的开放：作业要一改过去背框框、记条条、抄抄默默地形式，可以让学生耳听名曲、眼观美景、诵读诗书、关注社会热点、议论天下大事。时空的开放。新课程的实施为学生的学习生活提供了广阔的空间，必然使得学生的作业天地也越加开阔。作业设计要将学生带出课堂、深入生活。可以让学生学习种花养鱼，参与家庭管理，组织市场调查，探索自然现象，设计一条广告等。思路的开放：作业的设计应尽量提供问题情境，让学生有体验的过程与想象的空间，让他们有话说，且说出"个性话""心里话"，鼓励学生有不同的角度和不同的见解。

（3）从独自走向共享，体现合作性。新课程改革纲要指出，学生的合作精神与能力是重要的培养目标之一。新课程倡导的自主、合作、探究式的学习方式，也要求学生必须学会合作、加强合作。"独立完成作业"的观念受到挑战，而合作性作业应成为学生作业的重要理念。因而，作业的设计应打破学科界限，连通课堂内外，联合学校社区，更多地设计研讨式作业、探究性作业、操作型作业，使得这些作业不再是个人独立完成的，而是需要与他人合作完成。为了完成作业，学生必然要走下座位，走出教室，走进社会，进行跨学科的学习，跨班级、校际的交流与合作。这一个过程不再是静态孤立的，而是动态多方位的。学生在完成作业的过程中，学会沟通、交流、协作、分享，从而获得成长。学生在作业过程中的态度、投注的情感等元素也会获得新的生成与发展，从而演变为学生做事做人的态度以及对待生活的态度。学生不再是仅仅完成作业，同时也是在建构一种学习模式和生活方式。再者，协作带来的良好的人际关系也给学生身心的发展提供了舒适的环境。

2. 作业完成允许"千差万别"

因学生个体差异的客观存在,因而在作业的完成上不可能同时同步同质,必然会存在"七前八后"现象,也会不同程度的"打折扣"。如果教师用"一杆秤""一把尺"来衡量,就会出现所谓的"问题生",学生的自尊和作业积极性也会受到伤害,甚至出现恶性循环,这样,作业的目的必然落空。因而,老师应充分了解学生,尊重个体差异,允许有先有后,有好有次。这样,方能充分调动学生的积极性,挖掘各自潜能,使不同层次的学生都能在作业中得到相应的发展。

另外,人的智力构成也存在差别,学生的喜好与特长也不尽相同,因此,作业的呈现方式应该是多样的,可以是书面,也可以是口头;可以是日记、作文等文字材料,也可以是照片、绘画、音频等音图材料;还可以是可知可感的实物或者某种设计、一次表演等。唯有允许上述"千差万别"的存在,学生的潜能才能被充分挖掘,能力得到充分锻炼,生命的能量得以充分释放。

3. 作业评价做到"千方百计"

传统的作业评价是静态的批改式,教师仅凭一支笔就可在办公桌前完成全班作业的批阅,往往是"只见分数不见人",或是"非对即错",缺乏个性化与针对性。新课程的实施,要求作业评价由对纯知识结果的关注转向对学生生命存在及发展的整体关怀。其评价功能重在帮助学生发掘潜质,认识与提升自我,促进学生生命整体的和谐发展。这就要求作业评价要发生革命性的变革。

(1)变终结性评价为过程性评价。其实,学生每一次努力完成作业都会显现出一个结果,只是这一结果不一定就是教师预设的那个结果。因而,很多时候,这些学生的努力得不到认可,往往还被冤枉和怪罪,容易使学生产生"达不到标准,做了也白做"的消极思想,这就是终结性评价的弊端之所在。而过程性评价关注的不只是结果,更包括学生努力的全过程,以及他们在过程中付出的点点滴滴,哪怕是些许的成绩和微不足道的进步都值得肯定,都应当记录在案。这样,学生会感觉到付出就有回报,从而增强成就感和自信心,而这些又会促使他们获得更大的成功。

(2)由纯知识关注转为多元素关怀。行为作业的评价要设置多维目标,既考查学生知识的掌握程度,也要评估他们具备哪些方面能力、消耗多少生命能量来完成这一过程的。这样,作业评价方能发挥其促使学生全面发展的教育功能。

（3）从单一性评价走向多元化评价。新型的作业设计，使得评价主体变得多元，不再仅限于教师，而应包括教师、学生、家庭等多人组成的共同体。他们共同参与学生作业的辅导与评改，共同关注学生的成长。对学生的评价也应由过去的单向评价，变为双向或多向的讨论、交流的过程。

第三节　开展社会实践　搭建活动教学的第三级平台

　　开展社会实践是搭建活动教学的第三级平台。社会实践活动是一种解放：学生走进社会大课堂，走向生活大舞台，用自己的眼睛去观察，用自己的头脑去思考，用自己的双手去触摸，用自己的双脚去丈量，他们在全员、全程、全面的参与体验中真正还原了自我。社会实践活动是一种延伸：传统的思品课堂与社会生活形成两隔状态，不仅禁锢着学生的身心，更是阻碍了他们的视野与眼界。公民实践活动不仅是对课堂教学的拓展与延伸，更重要的是它打破了传统课堂与外界生活间的壁垒，拓宽了传统课堂的口径，使其与社会生活有机衔接、有效融通，学生得以在广阔的时空中施展才能、舒展身心、演绎精彩。社会实践活动是一种成长：在活动开展过程中，学生从已有的生活经验出发，以未来公民的眼光观察身边与社区存在的问题，通过集体讨论、问卷调查、实地走访、电话采访相关部门领导等活动，对生活中存在的问题提出了很好的建议，并且采取了相应的措施。整个过程，学生要学会协商、服从，要敢于表达、质疑，要积极呼吁、实践，这些对于他们无疑都是收获，都是成长。其实，收获与成长的又岂止学生，教师应该明白，社会才是最好的老师。因此，《道德与法治》教师应该顺应时代发展要求，积极开展公民教育实践活动，着眼学生的终生发展，指向学生未来生活，为社会的进步发展做贡献。

　　社会实践是道德与法治教学的基础。社会实践中蕴含的知识与力量，是形成知识、能力、情感、态度、价值观之母，它教给人生存、发展技巧，教会人如何走向成功。再抽象复杂的理论一旦回归实践，就会变得生动与简单。脱离了实践，教学就如同无源之水，无本之木。

　　社会实践为道德与法治教学注入活力。学习需要动力。学生每天面对教材中抽象的原理、复杂的概念、枯燥的知识，很难保持较高的学习热情。而丰富多彩的社会实践则散发着诱人的魅力，融入感官，动人心灵。将社会实践活动引入教学，学生则会有亲切、认同感，其学习的积极性、主动性将被激发。

一、开展公民教育实践活动的一般流程

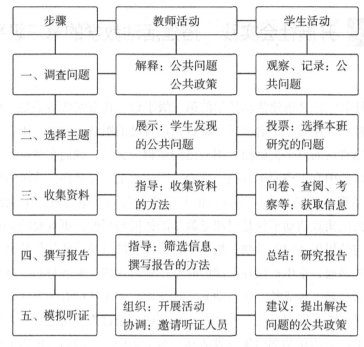

图2-3-1　公民教育实践活动流程

二、典型案例呈现

课题：居民生活垃圾分类处理问题

步骤（一）：找出社区有关居民公共生活的相关问题

寒假前夕，老师告诉我们要开展社会调查活动，让我们利用假期走访周围居民，了解他们对哪些社会公共问题关注度较高。开学后，将同学们走访的情况统计一下，居民较关注的问题有以下几种：

1. 社区绿化问题。

2. 小区安全问题。

3. 公共娱乐问题。

4. 生活垃圾处理问题。

5. 小区健身设施问题。

6. 小区卫生管理问题。

步骤（二）：选择并确定班级研究课题

在全班交流之后，我们进行了投票，每人限选一项，最后，居民生活垃圾分类处理问题和小区卫生管理问题得票较高。另外，因我县"三城同创"工作的开展，目前，垃圾入箱等问题有明显好转，但垃圾分类问题仅处于起步阶段，做好这项工作的意义更加深远。所以，最后我们确定了《居民生活垃圾分类处理问题》作为我们的研究课题。

步骤（三）：展开调查、收集资料

活动（一）：走上街道、走进社区

人员分工：

第1小组　组长：何　慷

　　　　　组员：潘彦君　沈　通　万晓文

第2小组　组长：潘　品

　　　　　组员：李炳奇　曹瑞丁　丁渲芸

第3小组　组长：杨云皓

　　　　　组员：吴　岩　刘　洋　吉文成

第4小组　组长：陈灵心

　　　　　组员：周沁芜　李光亚　吴浩然

第5小组　组长：孙雨晨

　　　　　组员：吕铠旭　郭治江　华佳文

第6小组　组长：张　询

　　　　　组员：衡华琦　张良清　陈　雪

第7小组　组长：黄　硕

　　　　　组员：邹裕茜　高　莉　杨宁馨

第8小组　组长：朱晋臣

　　　　　组员：许　慧　李维纳　涂正伟

第9小组　组长：高　丽

　　　　　组员：刘　敏　蕾茵子　李宗伟

第10小组　组长：曹　瑞

　　　　　　组员：纪智松　刘益铭　李其峰

课题确定后，全班分成10个小组（如图2-3-2所示）就开始行动了。

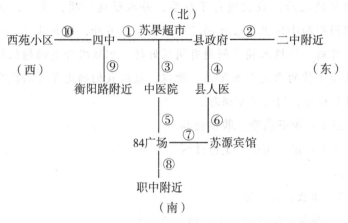

图2-3-2 调查活动分组

为了保证调查研究的针对性和有效性，老师给我们预设了以下几个问题：

（1）了解有多少垃圾箱，有无分类标志？

（2）居民对垃圾分类问题的看法，是否有分类习惯，有何建议？

（3）了解环卫部门清理垃圾的方式、次数等。

另外，为了更全面的了解信息，我们也可以自己设计问题，就像老师所说要发挥我们的自主性、创造性，集众人智慧。

经过3个周末的走访，各小组都比较好地完成了任务。同学们走访的范围遍及整个城区，收集了很多信息。

（1）主要城区干道及各大社区共有垃圾箱（桶）大约341个，有分类标志的只有50个左右。

（2）采访对象50多人，兼顾不同职业、不同年龄。

他们本人及主要亲属没有一人将生活垃圾分类处理，只有1人计划实施但仍未行动，主要原因是没有这个习惯，垃圾箱太少又无分类标志。对居住环境比较满意，建议增设分类垃圾箱，出台相关规定，加大宣传，加强监管。

（3）采访中了解到，物业和环卫部门清理垃圾还算及时，但没有分类回收。

活动（二）：走访专家、走进相关部门

核心组分工情况

第1小组　组长　万晓文

　　　　　组员：杨宁馨　王苏瑶　潘　品

　　　　　　　任务：采访环保局领导，了解相关法规政策，收集分类资料。

　　第2小组　　组长：何　慷

　　　　　　　组员：吴浩然　吴　岩　李光亚

　　　　　　　任务：采访县环卫处领导，了解我县目前垃圾处理现状及设施等。

　　第3小组　　组长：陈灵心

　　　　　　　组员：施艺丁　渲　芸　衡华琦

　　　　　　　任务：采访黎城镇相关领导，了解我县相关法规政策，已采取的措施，以及近期规划等。

　　核心组的成员分别走进相关部门，对有关工作人员进行了采访，收集到以下资料：

　　1. 万晓文小组在对环保局付科长的采访中了解到：

　　目前，我国没有专门的生活垃圾分类法，与此有关的法律是《中华人民共和国固体废物污染环境防治法》和《城市市容和环境卫生管理条例》。

　　（1）《中华人民共和国固体废物污染环境防治法》第42条规定：对城市生活垃圾应当及时清运，逐步做到分类收集和运输，并积极开展合理利用和实施无害化处置。

　　（2）《中华人民共和国固体废物污染环境防治法》第49条规定：农村生活垃圾污染环境防治的具体办法，由地方性法规规定。

　　（3）《城市市容和环境卫生管理条例》第28条规定：城市人民政府市容环境卫生行政主管部门对城市生活废弃物的收集、运输和处理实施监督管理。

　　一切单位和个人，都应当依照城市人民政府市容环境卫生行政主管部门规定的时间、地点、方式，倾倒垃圾、粪便。

　　对垃圾、粪便应当及时清运，并逐步做到垃圾、粪便的无害化处理和综合利用。

　　对城市生活废弃物应当逐步做到分类收集、运输和处理。

　　在专业人员的指导下，他们还上网查到了生活垃圾分类处理的相关资料。

　　付科长还说，此项工作要全面开展难度很大，一方面是缺乏对回收后垃圾的处理能力，另一方面主要是公民意识差，很难养成习惯。

　　2. 何慷小组在采访县环卫处的杨书记时了解到：

　　目前，我县居民生活垃圾还没有分类处理，只是将垃圾集中起来直接填埋，没有相关防渗透措施。杨书记还说，做好这项工作，必须得到政府重视，加大经费投入，加强管理，加强对市民的宣传教育。

3. 陈灵心小组采访了县城所在地黎城镇施镇长，了解到如下信息：

（1）目前，政府对此没有专门的行政规定。

（2）在利民路及黎农河南侧已进行试点，每年增加人员工资近8万元。

（3）打算逐步开展此项工作，预备下半年再投入120万元左右。

活动（三）：深入学校问卷调查

调查在本校及金湖县实验小学进行，此项工作由王曦月（负责实小）和刘敏（负责本校）负责，她们共发出问卷100份，回收93份，问卷内容如下：

关于居民生活垃圾分类处理问题的问卷调查

（请如实填写，谢谢合作！）

学校：＿＿＿＿＿＿　　　年级：＿＿＿＿＿＿

1. 你知道生活垃圾分类标准吗？（　　　）

　　A. 知道　　　　　　B. 了解一点　　　　　C. 不知道

2. 你认识生活垃圾分类标志吗？（　　　）

　　A. 认识　　　　　　B. 认识部分　　　　　C. 不认识

3. 你所在的学校、社区有分类垃圾箱吗？（　　　）

　　A. 有　　　　　　　B. 没有

4. 你家的垃圾是怎么处理的？（　　　）

　　A. 分类　　　　　　B. 部分分类　　　　　C. 笼统处理

5. 你对居民生活垃圾分类处理有何建议？

经统计了解到有近50%的同学对生活垃圾分类及标志不太了解；近50%的同学家里和学校没有分类垃圾箱（桶）；70%左右的家庭将垃圾部分分类处理，其中16%的家庭只是笼统处理垃圾。但是同学们都认为应该将垃圾分类回收进行处理，实验小学的同学尤其提到了可回收垃圾和有害垃圾分类处理的好处，本校的同学则提出了具体建议，如：对市民进行宣传、加大管理力度等。

步骤（四）：分形整理，形成报告

人员分工：

　　　　组长：冯星雨

　　　组员：雷茵子　陈灵心　潘彦君　郭治江　周　晋

步骤（五）：制作展板，召开听证会

制作展板人员分工情况：

展板一：组长：吴　岩

　　　　　组员：刘　洋　吉文成　周沁芜　李光亚

展板二：组长：吕铠旭

　　　　　组员：吴浩然　郭治江　丁渲芸　潘　品

展板三：组长：张良清

　　　　　组员：陈　雪　何　慷　邹裕茜　李维纳

展板四：组长：杨宁馨

　　　　　组员：许　慧　徐一洲　涂正伟

听证会相关工作人员分工：

　　1. 主持人：万晓文　沈　通

　　2. 多媒体制作：孙雨晨（组长）　李宗伟　闵　轩　李炳奇

　　3. 环境布置：张秀琳　刘益铭　纪　智　松曹瑞

　　4. 接待嘉宾：柏　芸　高　莉

附：《居民生活垃圾分类处理问题》的研究报告

在我国积极实施可持续发展战略，落实科学发展观的新的时代背景下，在我县努力创建省级"卫生、文明、园林城"关键时期，我班开展了《居民生活垃圾分类处理问题》调查研究。在广泛收集资料的基础上，我们进行了认真的分析整理，现将活动过程总结如下：

一、我县目前生活垃圾分类处理现状及原因分析

（一）现状

1. 生活垃圾分类现状

（1）来自市民的声音：所采访的50多个不同年龄、不同职业的人当中，没有人将生活垃圾分类处理。

（2）来自学生的问卷：回收的93份问卷中，只有29个家庭将垃圾分类处理。

（3）来自环卫部门：回收垃圾没作任何处理，只是集中填埋，连无公害填埋的要求都达不到。

（4）来自调查：从学生所拍的照片可以看到，仍有很多人将垃圾乱扔乱倒，既没有入箱（桶），也谈不上分类处理。

2. 设施现状

（1）来自调查：在学生统计的341个垃圾箱中，只有50个左右有分类标志，标准不一。

（2）来自市民的声音：垃圾箱（桶）太少。

（3）来自学生的问卷：回收的93份问卷中，有39个同学所在的学校及社区没有分类垃圾箱，设施不完善。

（4）来自政府、环卫部门：只在城区两条道路上设分类垃圾箱。

3. 法规、政策现状

（1）来自环保局：无专门法律，只有《中华人民共和国固体废物污染环境防治法》和《城市市容和环境卫生管理条例》与此相关。

①《中华人民共和国固体废物污染环境防治法》第42条规定：对城市生活垃圾应当及时清运，逐步做到分类收集和运输，并积极开展合理利用和实施无害化处置。

该条款中明确要求的用词是"及时清运""逐步做到""积极开展"等，字样的意思笼统、模糊，而法律条文应是明确、具体又严密的。究竟何时开始分类处理？怎么开展此项工作？该工作的各个环节都由哪个部门负责？按什么标准操作？这一系列的问题只字未涉及。

②《中华人民共和国固体废物污染环境防治法》第49条规定：农村生活垃圾污染环境防治的具体办法，由地方性法规规定。

该条款指令明确且兼顾地方实际，然而我县却没有相关法规。

③《城市市容和环境卫生管理条例》第28条规定：城市人民政府市容环境卫生行政主管部门对城市生活废弃物的收集、运输和处理实施监督管理。

一切单位和个人，都应当依照城市人民政府市容环境卫生行政主管部门规定的时间、地点、方式，倾倒垃圾、粪便。

对垃圾、粪便应当及时清运，并逐步做到垃圾、粪便的无害化处理和综合利用。

对城市生活废弃物应当逐步做到分类收集、运输和处理。

该规定对垃圾的处理责任明确，要求具体，但对垃圾分类处理问题仍笼统、模糊。

（2）来自网络：没查到与生活垃圾分类处理有关的地方性法规。

（3）来自黎城镇政府：无专门相关行政规定。

（二）原因分析

1. 政府部门

（1）缺乏法律依据。

（2）缺少资金投入。

2. 环卫部门

（1）没有行政规定作保障。

（2）缺乏技术处理能力。

（3）设施不配套。

（4）管理力度欠缺。

3. 市民

（1）社会责任感不强，环保意识淡薄，停留在观望、等待的层面上。

（2）对相关常识了解不够。

（3）陋习根深蒂固，一时难以改变。

二、我们的建议

生活垃圾分类处理，既有利于部分资源回收再利用，"变废为宝"，也能减少废旧电池、塑料等对环境的污染和破坏，从而减缓对资源、环境的压力，既利国利民，又恩泽子孙后代，其重大的现实意义和深远的历史意义是不言而喻的。

然而，我县目前的现状却是不容乐观，主要存在的问题是：①无法规政策②无垃圾处理的技术能力③管理措施不到位④市民的意识淡薄。总之，生活垃圾分类处理工作在我县尚未真正起步。为了社会可持续发展，为了我县的"三城同创"目标，为了我县经济又好又快发展，为了我们都有一个生态良好的美丽金湖，我们建议政府、环卫部门、广大市民应该齐心协力，共同做好我县生活垃圾的分类处理工作。

建议一：政府加大经费投入，引进先进的垃圾处理设备，及时处理回收的垃圾，杜绝二次污染。

优点：垃圾存放的周期短，危害小，绝对环保。

缺点：经费投入太大，一时难以实施。

建议二：政府兴建垃圾回收的相关产业，实现资源再利用，发展循环经济。

优点：提高了资源利用率，减少污染，使经济发展与资源、环境相协调，实现良性循环。

缺点：目前我县在这个领域基本是空白，而且缺乏资金、技术、人才。

建议三：在国家没有专门法律的情况下，政府应尽快出台相关政策，使此项工作有章可循，有据可依。

优点：管理部门开展工作有依据，工作更规范、细实、有效，也便于管理中进行合理奖惩。

缺点：要加强监管，否则会出现理论与实际脱离。

建议四：政府加强对广大市民的宣传教育，使分类、节约、环保意识深入人心。

优点：在垃圾分类处理的源头上下功夫，市民将垃圾分类摆放，便于后面的分类回收、分类处理，减少人力、物力、财力的投入，本身也是一种节约。

缺点：宣传教育须持续进行，否则容易出现反复，导致前功尽弃。另外，市民素质层次不一，行动难以一致，所以同时要加强管理。

建议五：环卫部门增设分类垃圾箱（桶），开办培训班提高从业人员素质。

优点：使设备配套，减少乱扔乱抛，使管理向专业化方向发展。

缺点：须联系到专业老师，和其他部门要配合，且人员素质的提高是一个长期的过程。

建议六：环卫部门加大监管力度，及时总结经验、不断推出管理新举措。

建议七：广大市民自觉行动起来，积极参与到此项活动中来。

三、我们的行动

"心动不如行动。"在开展此项活动中，我们做了以下事情：

1. 给县委陶书记和肖县长各写了一封信，将调查的情况及建议呈现给他们，恳请他们关注并采取行动。

2. 向人民代表反映该问题，请他转达我们的心声。

3. 与金湖县环卫处联合向社会发了宣传单和倡议书，做力所能及的宣传。

4. 向家人及亲友做宣传，并身体力行，从我做起。

四、我们的收获

1. 坚持完成了该项研究活动，且顺利圆满，并已形成报告。懂得了做任何事都要善始善终，不能半途而废，贵在坚持。

2. 在不同的活动阶段都要进行相应的人员分工，我们学会协商处理问题，彼此尊重、理解，欣然接受分工、顾全大局。投入工作毫无怨言，且尽职尽力。

3. 在调查过程中，学会了如何与不同年龄、不同职业的人交往，锻炼了我们的人际交往能力、口语表达能力、动手操作能力、分析处理问题的能力。更深切的懂得了我与他人、我与社会的关系。

4. 随着活动的深入进行，我们深刻地认识到，社会是个大课堂，生活是本大书。作为新时代的中学生，我们不能死读书，要关心社会，关注生活，将自己的所学所知、所思所想与社会实际紧密联系起来，并积极参与社会实践，参与到家乡的建设与发展中去。

5. 通过参与课题研究，了解到我县目前居民生活垃圾分类处理的现状及存在的诸多问题，让我们认识到环保工作的紧迫性，也增强了我们的责任意识。研究虽暂告一段落，但我们的行动仍将继续，我们的力量虽微小，却不能放弃。

6. 政府及环卫部门委派代表参与了我们的听证会，也收到了我们的建议。他们说，我们的活动意义重大，我们的建议对他们的工作很有启发。环卫部门将增设分类垃圾箱，并加大宣传教育和管理力度，他们还将与我班联合在社会上做更广泛深入地宣传。适逢我县"三城同创"之际，政府部门表示，下一步将把居民生活垃圾分类处理工作纳入"三城同创"的整体规划，同步实施。

五、存在不足

1. 调查不够全面、深入。

2. 问卷设计的合理性有待斟酌。

3. 调查研究的深度不够。

六、后期展望

1. 希望县委、县政府及其他相关部门能继续高度重视居民生活垃圾分类处理问题，并采取措施做好此项工作。

2. 希望通过金湖县地区此项工作的有效开展，带动周边县区做好居民生活垃圾分类处理工作，在更广的范围内让更多的人参与到环保事业中来。

3. 作为中学生，我们将身体力行，参与到该项活动中来，做力所能及的事，并积极参与其他社会公益事业。

第三章

活动教学实录精选

3

第一节 《人生与责任》教学实录

一、导入

体验游戏：《我是你的眼》。

师：介绍游戏要求，并请两名同学参与。

生：（"眼睛"扮演者）谈体会。（要对盲人负责，保证他的安全）

师：游戏中需要承担责任，生活中更要承担责任，因为游戏失败了可以再玩，而人生不可以重来，今天，我们一起来探讨《人生与责任》。（板书）

【设计意图】

1.用游戏的形式激发学生兴趣，调动其参与的积极性，为课堂"暖场"。

2.在游戏中体会责任，懂得生活中更要担当责任，使学生认识深化，自然入题。

二、新授

（一）责任：开启人生

师：我们的探讨先从人生的起点开始吧。（播放视频）

生：看婴儿出生短片。

师：片中哪些人在承担责任？

生：父母、医生、护士等。

师：他们分别承担了什么责任？

生：略。

师：不同的责任，相同的目的，都是为了孩子的平安出生。他们对于这个孩子的责任随着孩子的出生就结束了吗？

生：没有。（举例说明）

师：不仅没结束，可能还有更多人要为他尽责，也就是说这个小生命从孕育到平安出生并得以健康成长是承载着很多人的责任的。仅仅是他吗？我们人生的起点是否也如此呢？

生：是。

师：也就是说，每个人的人生都是在什么中开始的？

生：责任。

师：责任开启人生。（板书并呈现幻灯片）

【设计意图】

1. 视频直观清楚，信息丰富明确。学生易于感知，"入口"易，为学生的深入思考作好铺垫。

2. 通过婴儿出生时医生、护士、父母等人的尽责行为让学生初步认识到人生的起点源于责任，理解人来到世间是承载着很多人的责任的，懂得生命的不易与珍贵。

（二）责任：伴随人生

师：我们的人生都在责任中开始了，我们又将承担哪些责任呢？下面，我们一起进行"责任接力"（呈现幻灯片）。（详细讲解活动要求）

生：组长选择并组织小组合作学习。

师：巡回指导。（在黑板下沿写下出生——少年——青年——中年——老年）

生：少年组代表上台展示。（另一组以及其他同学对展示内容进行补充）

师：认为自己正在承担这些责任的请举手。

生：（全举手）。

师：认为自己的每一种责任都做得非常好的请举手。

生：（全不举手）。

师：你们很坦诚，换成老师，我也不敢举手，因为我们很难把每一件事都做到尽善尽美。然而，我们是否可以通过努力做得更好些呢？让我们一起来看看同龄人孟佩杰的故事。（播放视频）

师：孟佩杰最让你感动的是什么？

生：略。

师：孝敬父母，短短的四个字，孟佩杰却用十二年的行动将其诠释得如此丰富、如此深刻、如此的震撼人心。在她身上令人感动的，仅仅是因为她对妈妈的精心侍奉吗？

生：还有她对求学的渴望。

师：片中是如何体现的？

生：略。

师：在考上大学之前，孟佩杰的学习状况是怎样的？

生：略。

师：从她身上，我们能学习些什么？

生：略。

（过渡：同学们，孟佩杰让无数人感动，你们能勇于反思、善于学习、真诚交流也让老师感动！作为一名青少年，我们要努力承担好当前的责任，只有这样，未来我们才能挑起更重的担子！）好，让我们的展示继续。

生：其他三组依次展示。（教师简单点评）

师：通过课前调查和刚才的展示，同学们有何感受？或者你对责任有何认识？

生：略。

师：责任伴随人生。（板书并呈现幻灯片）

【设计意图】

1. 用"责""任""接""力"分别代表人生四个阶段，让学生选择，增加悬念，增强趣味性和自主性。

2. 在合作学习中体验责任，增强对他人、对集体的责任感。

3. 通过展示、评价、补充与完善，让学生全面理解责任的内涵及特点。

4. 借孟佩杰的感人事例以期触动学生内心，进而勇于反思，敢于担当。通过"接力"的形式，感悟人生不仅承载责任而来，也伴随责任而行。

（三）责任：幸福人生

师：刚才列举了那么多责任，我们把人生的责任都说完了吗？

生：没有。

师：已经这么多了，却还没说完，说明人生要承担的责任是非常多的。人为什么要承担这么多责任呢？包括我们自己在内的各行各业，不同年龄的人的责任都是为谁呢？（呈现一组图片）请各小组选择一个重点探讨。

生：思考后小组讨论。

师生：模拟对话，教师概括并板书。（自己、家人、他人、社会、国家、人类）

师：只是为了这里的某一个方面吗？对其他方面就没有意义吗？

生：有。（举例说明，如：学生勤奋学习是在对自己负责，也是在对家庭、社会和国家负责）

师：也就是说，这应该是一个"责任链"，责任链不是断裂的，而是环环相扣、紧密相连的，这也正好体现了责任具有相互性。人世间，除了血缘关系将人们相连，还有一种无形的东西可以让人们唇齿相依，是什么呢？

生：责任。

师：我时常在想：一个人当他承担起对自己、家人、他人、社会乃至国家、人类的责任的时候，他的人生幸福吗？（注意语音、语调、语速的变化）

生：幸福。

师：可是他要付出辛劳，甚至牺牲啊。

生：思考、交流。

师：（小结）不管他付出了什么，付出了多少，就其最终的价值和意义来说他是幸福的。这种幸福来源于什么？

生：责任。

师："责任：幸福人生"。（板书并呈现幻灯片）

【设计意图】

借助图片，营造感人、温暖的课堂氛围，通过师生模拟对话，让学生在角色体验、言语诉说、换位思考中触摸人物的内心世界，从而更深切地体会到承担责任的重要性，为其明确己任、自觉增强责任意识并能努力践行作好铺垫。

（四）导行活动

1.我的人生，我的责任

师：同学们，明白了这些，你们愿意用自己的担当给世界带来更多的幸福吗？（情绪饱满且富有激情）

生：愿意！

师：好样的！那么你们打算做些什么？

师生有感情地朗诵一段话（见课件）。面对这些，谁也不能将自己置之度外！责任大小不同，但同样重要，同学们，拿起笔写写你的想法。

生：思考或书写。

2.共担责任，同创美好

师：（切换白板，画好"家园"图案）。

生：交流、分享。（教师可以问学生你愿意到台前吗？）

师：对学生分享予以肯定，并在"家园"中写下学生交流的内容。（教书育人、孝敬父母、保家卫国、保护环境、帮扶弱小……）

师：（小结）时间关系，我们不能逐一分享，但老师想听听大家的心声，请愿意保家卫国的同学站起来，（有几个学生站起来）请愿意保护环境的同学站起来，（又有几个学生站起来）……谢谢大家无声的承诺！我们不仅要珍藏这一刻的感动，更要铭记这一份承诺，因为人生不是游戏，说到就要做到！相信有了每个人的担当、有了一代代人的传承，我们一定能携手共创美好的世界！

【设计意图】

1. 遵循由远及近、由他及己以及知、情、意、行的教学原则，引导学生畅想人生，明确己任，并激发其青春的豪情，增强其担当的意识，促使其内化和践行。

2. 在白板上写下学生的责任誓言，对学生来说是一种肯定，也是一种鞭策，当多个学生的誓言被记载，并共同撑起美丽家园时，对所有人都是一种感染，那种担当意识的唤醒和增强，是语言无法表达的。

3. 集体宣誓的形式既兼顾了全体学生，又能在下课时带给学生触动，意犹未尽，一举多得。

第二节 《学会与人合作》教学实录

一、导入

体验游戏：《孤掌难鸣》

师：老师第一次给大家上课，同学们欢迎吗？

生：欢迎！

师：那就鼓掌表示一下吧！

生：热烈鼓掌！

师：谢谢！老师想增加鼓掌的难度，每个人只能用一只手完成鼓掌动作，你们能行吗？

生：行！（纷纷与同桌击掌）

师：这个小游戏让我想到一句话："孤掌难鸣"。其实不只是鼓掌，生活中有很多事情都需要与他人合作才能完成，如何与他人合作呢？今天我们就一起来探讨下这个问题。（幻灯片展现课题——《学会与人合作》）

【设计意图】

本课导入环节旨在充分调动学生的积极性，同时使学生明白与人合作的重要性（必要性）。初设计时，我考虑过用"天宫一号"成功发射的事例或"天时不如地利，地利不如人和""三个臭皮匠，赛过诸葛亮"等名言俗语来导入的，可思考再三，总觉得这些没有切中学生的生活实际，有空说道理之嫌，难以引起学生的强烈共鸣，其参与课堂的热情肯定不高。最后改用"鼓掌"这一礼节，它契合了借班上课时师生互动交流的需要，既能在自然亲切活泼的氛围中拉近师生情感距离，又能让学生开始合作的尝试，不着痕迹地导入新课，一切水到渠成。

二、新授

环节一：学习合作的方法

师：我们首先来学习与人合作的方法，请大家根据预习提纲阅读书本，找

出与人合作的要点以及注意事项。（幻灯片展现预习提纲）

生：在规定时间内完成思考题，并相互检查落实到位。

环节二：体验合作的过程

（一）准备过程

师：了解了与人合作的方法，下面我们就一起来体验合作的过程。这个环节将以竞赛的形式进行（事先将学生分成4个组并选好组长），先请组长选择PK的对象以及体验项目。（幻灯片展现体验项目及要求）

体验项目一：《逃生》

发生火灾时，一个盲人和一个双腿瘫痪的人同时被困在一个堆满杂物的房间里，眼看大火就要将房间包围了，他们俩如何才能一起成功逃生呢？

活动说明及要求：

1.小组成员共商逃生策略并推荐2名同学表演逃生过程；

2.两组同学同时表演（分别从前、后门），最先出门者胜出。

体验项目二：《小合唱》

活动说明及要求：

1.每组推荐指挥、领唱各一名（有伴奏、伴舞更好）；

2.推荐曲目《爱我中华》《龙的传人》，也可自定曲目，只唱第一段；

3.队伍整齐、精神饱满、配合默契者胜出。（另外两组学生担任评委）

学生分组准备，教师同时准备体验活动所需要的道具、场地等。

（二）表演以及交流过程

1.选择《逃生》项目的两个组同学同时表演，学生表演后，教师以采访的形式与全班学生进行互动。

师：请获胜组谈谈成功的原因。

生①：分工合理，我们组推荐了一个大个子和一个小个子同学，他俩分别扮演盲人和瘫痪的人，有利于合作的成功。

师：你认为怎样的分工才是合理的？

生①：能发挥各自的长处和优势。

师：很好！实践证明，合理分工是有效合作的前提。

生②（表演者之一）：相互配合、相互沟通。我们俩在逃生的过程中一直在交流而且配合默契。

师：大家都看到了，祝贺你们获胜了！也感谢你们与大家分享合作的感受。

2.选择《小合唱》的两个组先后表演（另外两组学生担任评委），表演结束，教师继续通过采访的形式与全班学生进行互动。

师：让我们一起来听听评委对获胜组的表现有何评价。

生③：他们组推荐了两名最擅长的同学担任指挥及领唱，分工很合理。

生④：他们组员配合默契，指挥很得力。

师：你认为他们的配合有几个层次？

生④：有指挥与队员的配合，也有队员间的配合。

师：很好！下面请失利的组员说说他们的感受。

师：你们组的表现稍微逊色于那一组，请问责任主要在谁呢？

生⑤：我指挥的不够好吧。

生⑥：我的领唱也不行。

生⑦：我们配合得不好。

师：同学们，大家注意到没有，他们三个人找的原因各不一样，但是有共同之处，是什么呢？

生⑧：他们没有指责其他人，都能勇于承担责任！

师：是啊，勇于承担责任是合作成功的一个重要因素，承担责任不只是做好自己分内的事，还要相互鼓励、相互帮助，尤其是在合作不够理想甚至是失败时，不相互指责、推诿，要敢于担当。相信有了这样的素养，下一次他们一定会成功！

师：老师还想知道，你们两个组在分工以及选择曲目时有分歧吗？是怎么处理的呢？

生⑨：有，我们及时进行了沟通协商，大家很快就达成了一致意见。

师：每个人对事物的看法想法不尽相同，合作中出现分歧也在所难免，这时，真诚的沟通就显得尤为重要，希望同学们在今后与人合作时都能做得更好。

【设计意图】

学生只有通过各种活动"以身体之、以心验之"，方才有体悟、思考与成长。拔河、大扫除、合唱、出黑板报等都是学生熟悉的合作形式，选择以上2个体验活动，是因为它们更能全面体现出与人合作的方法、技巧，同时有利于在课堂上组织，易于教师掌控、指导。为了调动学生的参与热情，增强体验效果，我又引入了PK的形式，并充分尊重学生自主权，让他们在体验表演前就有了"我的课堂我做主"的主体感，削弱其怯生、拘束感，为后面自在、深入的体验作了心理上的铺垫。

环节三：分享合作的成果

师：下面有请评委代表为获胜组颁奖！

生：2名学生分别为2个获胜组颁奖。（奖品为巧克力，其中一个组的巧克力数量等于组员人数，另一组巧克力数量为组员人数的一半，一个组的颁奖过程很快结束，为另一组颁奖的学生在为难片刻后遂决定2个组员发一块巧克力。）

师：（随即问两个颁奖的学生）请说说为什么这样分发奖品？

生：因为大家一起合作才取得成功，成果应当共享，这样才公平嘛，否则下次可能就有人不愿意合作了。

师：让你把一块巧克力分给两个同学，你能保证一样大小吗？

生：不能。

师：我也不能，这里说明了什么道理呢？（面向全班学生）

生⑩：说明世上没有绝对的公平，公平也只是相对的，人不能斤斤计较。

师：说得太好了！（示意大家掌声鼓励）

师：（转向获胜组成员）今天与他人合作取得了成功，还分享了巧克力，开心吧。大家想想，你们除了分享了巧克力，还分享了什么呢？

生：还分享了智慧、荣誉、喜悦等。

【设计意图】

此环节旨在引导学生理解公平的重要性、相对性，与人合作后不仅可分享物质成果，也能分享智慧、荣誉、喜悦等精神财富，甚至是宝贵的生命。请学生担任颁奖嘉宾，让其在颁发奖品的体验过程中感悟到上述道理，并与全班同学进行分享，避免了教师的说教之嫌。

环节四：弥补合作的遗憾

幻灯片展现三个问题：

1.在此之前，你与别人的合作中有过不愉快甚至是失败的经历吗？

2.原因是什么？

3.如果重新合作一次，你会如何弥补合作的遗憾呢？

生：争先恐后谈及自己在出小报、拔河、扫地、小组讨论问题、搬书本等与人合作过程中的不足和遗憾，还真挚地向曾经的合作伙伴道歉，表达了再次友好合作的愿望和诚意。

师（给予点评并总结）：与人合作是一门学问，没有谁能做到尽善尽美，但只要我们不断学习、反思、实践，都会做得更好，相信今天的课堂，我们能听懂彼此合作的心声!

【设计意图】

通过三个逐渐深入的问题,引发学生对以往合作经历的回顾,找寻自身在与人合作方面存在的不足,结合本课的学习,思考如何更好地与人合作。这是本课教学的延伸与升华,前面几个教学环节设置的是活动情境,学生在"动"中体验;此环节是问题情境,学生在"静"中思悟。有了之前的全面参与、深刻体验,相信学生的内心会被唤醒、激活。

环节五:倾听合作的心声

播放歌曲《一个篱笆三个桩》,在优美的旋律中,教师向学生致谢!

【设计意图】

为本课在情感和意境上作个升华,深化主题。

第三节 《多彩的情绪》教学实录

一、课前准备

1. 问卷调查，了解班级学生近期的情绪状况，要求其写下最近一件有关情绪的事情以及当时的心理感受、想法以及对自己的影响。

2. 教师阅读问卷，了解学生近期情绪的总体情况（积极情绪和消极情绪各自所占的比例，涉及哪些方面等），并从中选取几个代表性的或急需疏导的情绪案例，为"转换情绪"教学环节做好准备。

3. 准备两个纸杯，在杯身分别贴上"积极情绪""消极情绪"字样。

二、导入

1. 师生互动，唱《幸福拍手歌》。

师："如果感到高兴，你就拍拍手，看那大家一起都来拍拍手"。

生：有节奏地拍手。

师："如果感到生气，你就跺跺脚，看那大家一起都来跺跺脚"。

生：有节奏地跺脚。

师："如果感到伤心，你就轻轻哭，看那大家一起都来轻轻哭"。

生：做出假假的哭状。

2. 师：歌里唱到的"高兴、生气、伤心"就是我们常说的情绪，今天我们就围绕"情绪"这个话题进行探讨和学习。

【设计意图】

通过师生互动的形式，营造活泼和谐的课堂氛围；歌曲内容与本课主题贴切，自然引入。

三、新授

活动一：了解情绪

师：情绪能让人哭，也能使人笑，究竟什么是情绪呢？

生：齐说情绪的含义。（同时呈现幻灯片）

师（过渡）：情绪是一种体验，下面我们就一起来体验情绪。

活动二：体验情绪

体验一：下列情境中，你有何感受呢？（呈现幻灯片）

1. 收到喜欢的生日礼物；

2. 听到有人说你坏话；

3. 看惊悚的电影；

4. 心爱的宠物死了。

师：组织学生交流并适当点评鼓励，然后提炼情绪的四种基本形式——喜、怒、哀、惧。

体验二：你来比画，我来猜。

活动说明：2人一组，猜一个有关情绪的成语，比画者可用肢体语言或描述，不能直接说出该成语。

生：了解活动要求。

师：组织活动，引导点评，并提炼"情绪是丰富的"主题。（呈现幻灯片）

师（过渡）：经过刚才的体验活动，现在大家是什么情绪？

生：开心！

师：这种情绪能一直保持下去吗？

生：不能。

师：那说明什么呢？

生：人的情绪是变化的。

师：嗯，结论是对的，而且表达简洁。能举例说明吗？

生：学生交流。

师：书本上有两句话，老师不太理解，人的情绪真有这样的变化吗？

生：看书本第38页，围绕"不同的人面对同一种情境，情绪会有所不同""同一个人面对同一种情境，在不同的情况下，情绪体验也会不同"这两句话讨论交流。

师：从刚才的讨论交流中，我们知道情绪不仅是丰富的，情绪还是变化的。情绪的变化受哪些因素影响呢？下面老师来考考大家。

师：结合下列材料，组织学生分析影响情绪变化的因素。

材料一：同一个人走在乡间的小路上，白天走时轻松愉快，晚上走时却提心吊胆。

材料二：同样是学钢琴，喜欢的人练起来乐此不疲，不喜欢的人练起来苦不堪言。

材料三：流放途中，李白经过长江写下了《江夏别宋之悌》：

楚水清若空，遥将碧海通。人分千里外，兴在一杯中。

谷鸟吟晴日，江猿啸晚风。平生不下泪，于此泣无穷。

后来，李白得以大赦，重获自由。在返回江陵时，他写下了《早发白帝城》：

朝辞白帝彩云间，千里江陵一日还。

两岸猿声啼不住，轻舟已过万重山。

生：结合上述材料，分析影响情绪变化的因素分别是"环境、兴趣爱好、个人境遇"等。

师（过渡）：影响情绪变化的因素是很多的，因为这些因素的影响，不同的人面对同一件事，情绪会有所不同，同一个人，面对同一件事情绪也会有所不同。但是不管怎么变化，人的情绪大体可以分为两类，即积极情绪和消极情绪。

【设计意图】

情绪感受是很主观的，让学生体验，是为了使学生将自己代入情境中，获得设身处地之感，懂得情绪的丰富多样；游戏生动有趣，能调动学生的积极性，让其置身于课堂之中，尽情体验、深切感悟；运用追问（这种情绪能一直一直保持下去吗？）及示弱技巧（书本上有两句话，老师不太理解，人的情绪真有这样的变化吗？）引发学生的深度思考，从而获得全面客观的认知。

活动三：转换情绪

生：看书了解积极情绪和消极情绪的概念。

师：课前老师请大家写了近期的情绪表现，经过本人同意，我选了4位同学的例子（注：2种积极情绪、2种消极情绪），请大家分辨这些情绪是积极的还是消极的？

生：上台从老师手中抽取一种情绪，读给全班同学听，并判断该情绪是积极的还是消极的，然后放入相应的杯子里。

师：（待4名学生完成上述任务后，对学生的表现给予肯定）老师仔细用心地看了同学们交来的问卷，发现全班只有4个人写的是积极情绪，其余同学写的都是消极情绪，而且绝大部分和即将到来的考试有关。难道，面临考试，只能产生消极情绪吗？如何才能将消极情绪转换成积极情绪呢？杯子里现在有2种消极情绪，请同学们分组讨论完成。

生：讨论交流。（教师点拨引导，并将转换过的"消极情绪"放到"积极情绪"的杯子里）

【设计意图】

问卷了解学生的情绪现状，使教学具有针对性、指导性；学生讨论转换情绪的过程，既是为他人献计献策，也是在疏导自己的心结，做到学以致用。

活动四：拓展延伸

师：杯子里的"消极情绪"已经没有了，那我们每个人是不是就没有消极情绪了呢？

生：不是。

师：可不可以少产生消极情绪呢？

生：疑虑并思考。

师：也许我们能从他们身上得到启发（呈现幻灯片）：

事例一：在飞驰的列车上，一位老人不小心将一只新买的皮鞋掉到窗外，众人为他惋惜之际，只见他随即将另外一只皮鞋也扔到了窗外。

事例二：华盛顿家遭窃，朋友写信安慰他，他回信说："幸亏他只偷了我的钱物，而没有伤及我的性命；幸亏他偷的是我的部分财产，而不是全部；幸亏做小偷的是他，而不是我。"

师：和常人相比，他们的消极情绪为何会少呢？

生：看着一只皮鞋心烦，不如将它扔了，老人扔掉的是一份坏心情。

生：虽然新买的皮鞋丢了很可惜，但是既然自己不能拥有两只皮鞋，不如让捡到的人能拥有一双完整的皮鞋，这样一想，自己就很快乐。

生：华盛顿总能看到事情的积极一面，所以他的消极情绪少。

生：和物质相比，华盛顿更看重健康和精神，所以他很满足很快乐。

师：看来，影响人情绪的并不是遭遇的好坏，而是人的心态和对事情的看法，下面这段话我们一起共勉。（呈现幻灯片）

"做人要常怀友善之心、感激之心、宽容之心，这些都能让我们远离烦恼，保持乐观积极的心态！"

师：同学们，我们每个人都会有喜怒哀惧，虽然情绪的丰富多样可以让我们体验到生活的多姿多彩，但我们还是希望自己的消极情绪少一点，积极情绪多一点。所以，请将你的学习感悟告诉身边那个不快乐的人，那样，人群中就会多一份快乐，我们的生活也会随之多一份快乐和美好！

【设计意图】

指导学生学会转换消极情绪，只能"治标"，谓之"术"，而引导学生少产生消极情绪，才能最大程度上"治本"，谓之"道"，此环节旨在帮助学生开阔心胸、提升境界。

第四节 《生命可以永恒吗》教学实录

一、课前准备

1. 让学生了解自己祖辈的情况。

2. 教师制作"我的家人"卡片，分给学生每人一张，课上用。

二、导入

师：同学们看过《西游记》吗？

生：看过。

师：《西游记》里的妖怪为什么想吃唐僧的肉啊？

生：他们希望自己能长生不老。

师：用今天的课题来讲，妖怪们都希望自己的生命能永恒（板书课题），生命能永恒吗？如何实现永恒呢？今天我们就一起来探讨这些话题。

【设计意图】

由学生耳熟能详的神话故事导入课题，有趣且切合主题。

三、新授

（一）生命盼永恒

师：老师为每位同学准备了"我的家人"卡片，你希望家人活多少岁，就把相应数字圈起来，如果某位家人已经离世，就把他离世时的年龄与对应的数字圈起来。如果觉得老师给的数字不够大，可以在下面写上你希望家人活到的年龄。

生：动手操作。

师：观察学生，待其完成后，组织交流，适时点评。

生：我希望自己的家人都活300岁。

生：我希望爸爸妈妈活130岁，我活105岁，这样我就可以照顾他们老去，一家人永远在一起。

生：我希望家人的生命都能永恒。

师：你们有这样的愿望，我也有，其实每个人都希望能长寿，乃至永恒（板书"生命盼永恒"）。好了，憧憬了家人的未来，接下来，我们来聊聊家人的现状吧。

师：家人都还好吗？爷爷奶奶都健在吗？

（学生交流家人的近况，老师了解其祖辈离世的原因、年龄等，适时点评，注意照顾学生的感受、心情。）

师：谈论死亡总是让人容易流泪，但是，在这个世界上每天都有人不幸离去。（呈现"中国每天意外死亡人数统计"资料）

生：阅读资料。

师：我们都希望生命能永恒，听了同学们的交流，看了老师带来的数据统计，你对生命有何认识呢？

生：生命很脆弱。

生：生命无常。

生：生命来之不易。

师：是啊，能好好活着真的是一种幸运！

师：（过渡）聊完了长辈，我们再聊聊同辈吧。随着国家二胎政策的放开，"二宝时代"来了，家里有"二宝"的同学请举手。

生：略。

师：说说你们家的"二宝"吧。

生：展示"二宝"的照片，并分享"二宝"的趣事。（教师适时点评）

师：他们可爱吗？

生：略。

师：他们的可爱之处一样吗？

生：不一样。

师：那双胞胎应该一样吧？

生：也不一样。

师：老师连续追问了几个一样吗，同学们都说不一样，这说明什么呢？

生：说明生命是独特的。

师（过渡）：看着可爱的"二宝"们，让人好想回到小时候哦，我们能回得去吗？

生：不能。

师：有部电影叫《返老还童》（展示图片），你觉得电影中的事情可能在现实中发生吗？

生：不可以，因为生命不可逆。

师：讨论到现在，我们来小结一下，生命能永恒吗？（课件呈现生命的几个特点）

生：结合课件内容总结生命不能永恒。（板书"生命难永恒"）

【设计意图】

此处开展操作展示活动，要求学生在"我的家人"卡片上写下对家人的生命期待；交流祖辈的生活状况；分享"二宝"的可爱美好。该活动能紧扣学生家人"生命"的主题，学生自然专注、用心，情有所系，心随而动。让宏大的"生命永恒"话题落地生根。

（二）生命难永恒

师：既然生命难以永恒，那就请大家把家人生命年限下多余的部分撕掉。

生：动手操作。

师（待学生完成后）：爷爷奶奶生命的尽头是什么？请写下来。

生：死亡。（小声地）

师：爸爸妈妈生命的尽头是什么？请写下来。

生：死亡。（有学生叫起来"老师太残忍！"）

师：你生命的尽头是什么？请写下来。

生：开始拒绝回答，有的学生哭了。

师："二宝"生命的尽头是什么？请写下来。

生：哭泣的学生更多，没有人写了。

师（问几名学生）：你愿意接受家人死亡的结果吗？

生：哭着摇头。

师：谁都不愿意接受，但是能避免吗？

生：轻轻摇头。

师生齐读：（课件呈现）"死亡是人生不可避免的归宿，每个人都无法抗拒。"

师：死亡在生命的尽头等着每个人，那么，我们还要好好活着吗？

生：思考、讨论。

生：要好好活着，因为我是父母的希望，如果我没了，他们会非常痛苦，我爱他们，我要和他们一起好好生活。

生：生命来到世间不容易，我们不能辜负它，我们要活出生命的价值。

生：社会的发展进步离不开我们这一代人的努力，我们没有理由放弃生命。

生：死亡迟早会来的，着什么急呢，现在就让我们享受生活吧，我要陪爸爸妈妈出去看世界，他们还没坐过飞机呢，我要赚钱，实现他们的愿望。

【设计意图】

此处开展心理冲击活动，通过虚构的、令人害怕的事使学生产生强烈的情绪反应。教师首先问学生"家人生命的尽头是什么？"，并要求其写下"死亡"二字；从祖辈、父母，再到自己及同辈，对学生心理冲击的强度越来越大，学生的内心经历阻抗、抗议、伤痛、不舍等复杂的体验过程，深切体会到死亡是人生不可避免的归宿，每个人都无法抗拒。另外，设置问题情境：每个人最终的结局都是死亡，那么，我们活着还有意义吗？引导学生探问、追寻生命的意义。

（三）生命接续永恒

师：（过渡）生命的确难以永恒。老师一直在想，人死后，比如爷爷奶奶他们走了以后，他们的生命就消失得无影无踪了，不留下一点点痕迹吗？

生：思考。

师：他们留下了什么呢？请同学们把两代人的连接处写在卡片上。

生：动手书写。

师：组织学生交流。

生：我爷爷留下了我爸爸。

生：我奶奶要求家人对邻居要友善，晚辈要孝敬长辈。

生：我奶奶去世前把我喊到床前，她给我一本书，是她最喜欢的书，她让我好好读书，做个自立的女孩，奶奶走了，每次看到那本书，我都特别想奶奶。（哭泣着诉说）

生：我爷爷腌咸菜的手艺很好，他还教会我爸爸妈妈，我们家吃的咸菜从来不买。

师：谢谢同学们的分享。大家发现没有，生命并非就消失得无影无踪，生命是可以传承的，可以是身体上的传承，也可以是精神上的传承。然而传承只能在亲人、家庭内部实现吗？

生：略。

师：请大家欣赏一首歌曲。

（播放歌曲《菩萨蛮》，分步呈现姚贝娜的个人资料、去世消息、捐献器官等信息。）

师：姚贝娜已经死了，她还活着吗？

生：她还活着，她的歌声就是她的生命，人们每听一次她的歌声，她就活一次。

生：她还活着，她捐献了眼角膜，别人在用她的眼睛看世界。

师：类似于姚贝娜这样的生命接续方式还有哪些呢？

生：略。

师：（呈现课件）人的生命可以通过接续实现永恒，一个国家、民族，乃至人类的生命都可以实现永恒，比如雷锋精神，比如社会主义核心价值观传承等。同学们，你希望自己的生命实现怎样的永恒呢？请拿起笔，写在卡片的相应位置。

生：动笔书写。（板书"生命接续永恒"）

师：组织学生交流。

生：我想当一名服装设计师，让别人穿上我设计的衣服，在世间留下我的智慧与创意。

生：我想当一名老师，去山区支教，给那里的孩子带去希望，他们的生命变得更美好，就是我生命的延续。

师：（总结）小生命，大能量，小少年，大志向。愿我们每个人在短暂的生命都能活出怒放的姿态，创造属于生命的精彩！

师：播放歌曲《怒放的生命》，同时呈现图片：雷锋、王羲之、爱迪生、钱学森等人的去世年龄（喻指生命短暂）和他们的突出成就（喻指生命永恒）。

【设计意图】

引导学生思考、感悟"生命的接续方式多样，在家庭内部、亲人之间、陌生人之间都可以接续，一个国家、民族的发展也需要一代代人的努力、创造"，增强学生的责任感和使命感。

第五节 《走近老师》教学实录

一、课前准备

（一）问卷

1. 任教你的每一位老师，你都喜欢吗？

2. 你最不喜欢什么样的老师？

3. 面对不喜欢的老师，你会尊重他（她）吗？

（二）统计问卷结果，选取典型事例备用

二、导入

师：初一语文课本里选取了海伦·凯勒的一篇文章，题目叫什么？

生：《再塑生命的人》。（师板书）

师：在海伦·凯勒心中，谁是再塑她生命的人？

生：沙利文老师。（师板书）

师：是啊，海伦·凯勒是一个奇迹，沙利文老师就是创造这个奇迹的人！其实，不只是海伦·凯勒，我们每个人的生命成长都离不开老师的引领和塑造。今天，我们就一起来学习《走近老师》，了解那些塑造着我们生命的老师们。

【设计意图】

选取学生熟知的文学作品导入，有利于建立起学科间的联系与融合；借海伦·凯勒对其老师的感恩之语"再塑生命的人"，激发并增强学生对老师的崇敬之情。

三、新授

（一）了解老师

师：首先，我们一起来了解"教师"的起源。

　　PPT呈现相关内容，请一名学生介绍，教师板书"了解老师"。

师：同学们，"教师"这一职业最早起源于什么时候？

生：西周。

师：（PPT呈现历史年代图）西周距今已有2000多年，这足以说明"教师"是一个古老的职业，2000多年来，教师在人类文明发展的进程中发挥着怎样的作用呢？

生：教师是人类文明的传承者。

师：接下来，我们了解2位杰出的教师代表，教育家孔子和陶行知，看看他们是如何传承文明的呢？

师：（PPT呈现孔子的资料）孔子提出的很多教育思想穿越几千年的光阴，至今仍闪耀于世。现在，中国以及世界上100多个国家、地区相继创办了以孔子命名的院校，同学们知道叫什么吗？

生：孔子学院。

师：（呈现孔子学院的图片）如今，孔子的思想已传向世界。

师：和孔子不同的是，陶行知先生创办了很多学校。其中，最著名的是晓庄学校，这所学校今天仍在，而且，历经90年的发展也在不断壮大，就在江苏南京，每年为国家培养、输送了大批教育人才。

师：孔子、陶行知、王阳明、蔡元培，还有很多知名或不知名的老师，人类文明的火炬在他们手中代代传递，到了现代，教师已发展为一种专门的职业，每年都有很多人加入教师的队伍。

师：同学们，长大以后，你们想当老师吗？

生：想或不想。（举手）

师：分别采访学生，适时点评。

生（想当老师的）：教师职业非常崇高、伟大。

生（想当老师的）：教师能培养学生成人成才，很有价值。

生（想当老师的）：教师有寒暑假。

生（不想当老师的）：老师很辛苦，很劳累。

生（不想当老师的）：老师的工作压力大，收入低。

师：同学们说的都是对教师职业的认识，也都是事实。让我们走进"老师的一天"，具体了解老师的职业生活吧。

生：了解班主任老师一天的生活。（PPT呈现图片资料）

师：看了班主任一天的日常安排，你有何感想？

生：略。

师：把万老师一天的工作归个类（PPT呈现资料）可以发现，老师在工作中扮演着多种角色，既要教书也要育人。做老师真心不容易，做个好老师则要求更高，自然更辛苦，也难怪有人不愿意做老师。于是有人突发奇想，要是有机器人老师就好了，就可以替代真实的老师了。同学们，你们认为"机器人老师能替代真实的老师吗？"如果让你选择，你会选择哪种老师呢？

生：讨论，小组交流。

生（全班分享）：机器人没有情感，不能和学生谈心；冷冰冰的，没有温度；不能帮助学生解决困难等。

师：我认为除此之外机器人老师还有不好的地方，就是上课时可能会突然没电了（模仿机器人没电的样子）。真实的老师不会没电，但真实的老师会疲惫、会劳累、会生病，同学们要予以理解和关心。

师（过渡）：另外，机器人老师没有个性，而真实的老师各有特点，同学们赞同吗？

生：完成"我猜我师"游戏。

学生先准备，再模仿某位老师，其他同学猜。

【设计意图】

选取孔子、陶行知及班主任万老师的素材，旨在让学生了解教师职业的发展、演变、价值及新时代对老师的更高要求；通过"你愿意当老师吗""你会选择什么样的老师"等问题，加深学生对教师职业的理解，懂得老师的崇高与不易，为后续教学环节奠定心理和情感基础。

（二）尊重老师

师：每位老师都有不同的风格和个性特点。同学们，任教你的每位老师的风格你都喜欢吗？如果不喜欢某位老师的风格，而他（她）又是自己的任课老师，你该如何与他（她）相处呢？关于这些问题，我们课前做了调查，现将调查情况和大家作个反馈分析。

师：引导学生分析调查结果。

1. 每位学生都有自己不喜欢的老师；

分析：即便一位老师足够优秀，也难保证被所有学生喜欢，这不是老师的过错，也不是学生太挑剔，因为在人际交往中，总有审美取向和偏差。

2. 所有学生都选择要和老师好好相处；

分析：为什么要和老师好好相处，有几位同学陈述的理由能给人启发（从学生的问卷中选取），请他们分享一下自己的见解。

3. 如何与自己不喜欢的老师相处，有几位同学给出了较好的建议（从学生的问卷中选取），请他们分享一下。

师：谢谢同学们的分享，你们用真挚的话语道出了朴实的道理。问卷结果显示，我们班的师生关系很融洽，经过刚才的交流，相信大家对如何与不同风格的老师相处会有新的认识和启发。其实，师生交往是一门学问，需要我们不断学习、修炼，但有一点很重要，那就是无论老师是什么风格，你是否喜欢，他们都应该受到尊重（板书"尊重老师"）。因为，老师是我们生命中很重要的人，正如海伦·凯勒说的"老师是再塑生命的人"，所以，对老师不仅要尊重，更要心怀感激。（板书"感谢老师"）

【设计意图】

通过问卷调查，了解师生关系的现状，并反馈给学生；选择部分学生与老师相处的成功之道进行分享，给其他同学以借鉴和启发，营造出理解老师、尊敬老师的温暖氛围。

（三）感谢老师

生：看视频《感谢师恩》。

师：燕子老师给了学生勇气和希望，进而改变了学生的命运。同学们，在你成长的过程中是否也有这样的老师呢？他们是如何影响改变着你的呢？请闭上眼睛，用心回忆一下。

生：闭上眼睛，静静地回忆。

师：请睁开眼睛，和大家分享一下吧！

生：交流自己与老师之间动人的故事。

师：时间关系，我们不能一一分享，建议同学们把想对老师说的话写到感恩卡上，寄（送）给老师。爱要真诚表达及时传递，不留遗憾。最后，让我们一起真挚地说一声"谢谢您！老师，您是再塑我生命的人！"

【设计意图】

此乃本课的拓展延伸环节，旨在引导学生在对往昔的真挚追溯中，梳理、传达自己对老师的尊敬、感恩之情；与导入环节形成呼应，突显主题。

第六节 《授人玫瑰，手留余香》教学实录

一、揭示助人的主题

师：首先请大家看一则公益广告，看完后，说说你从中悟出了什么道理？

生：观看央视公益广告《善行无迹》。

师：这则广告给你什么启发？

生：略。

师：为什么要帮助别人？怎样帮助别人？今天我们就围绕这些话题一起来学习《授人玫瑰，手留余香》。

【设计意图】

该广告的主题与本课内容非常贴切，画面温馨感人，给人以触动和感染，不仅能使学生直观感受到"助人的真诚、美好与智慧"，而且传达了"助人乃举手之劳、平凡善举"。

二、品味助人的甜美

师：同学们，你们帮助过别人吗？接受过他人的帮助吗？如果帮助过你的人中就有我们班的同学，你愿意再次感谢他吗？

师：（等待学生回忆、思考片刻）今天，老师就给大家提供一个机会，我们一起来参与"甜心活动"。

师：讲解活动要求并组织示范。

活动名称：甜心活动

活动要求：

1. 每个学生手里有2颗糖，将糖送给帮助过自己的人，并说出感谢他（她）的原因；

2. 活动结束时，要求每人手里的糖必须来自别人的赠予；

3. 全班学生一起参与活动。

师：组织学生交流感受（分别采访送糖的学生和收糖的学生，3对左右），

并将学生发言中的关键词予以副板书，引导学生发现帮助别人其实并不难，更多的是点点滴滴的平凡善举，就像大家做到的这样。

【设计意图】

帮助与被帮助的事情几乎每一天都会在学生的生活中发生，只因为太过琐碎与普通而容易被忽视和淡忘，需要教师予以发现、强化和引领；其次，帮助他人不应该"舍近求远""好高骛远"，我们要引导学生从身边做起、从小事做起、从点滴做起，学会接纳自己、欣赏他人、关爱社会，帮助学生建立起正向积极且朴素平实的价值观。设计"甜心活动"旨在：

1. 使学生感受到"助人之举就在身边，大家皆善良之人"，唤醒并增强其内心的感恩与友善；

2. 通过身边同学的助人事例，使学生认识到"助人有时惊天动地，更多的时候却是普通、平凡与点滴之举"，强化认知"助人并不难"，并通过身边的"德育"教育学生，更易被学生接受，从而增强德育效果；

3. 通过参与送糖活动，使学生有真切的体验与感悟，充分享受助人的美好与甜蜜，学生的道德认知在活动体验的基础上及时得到内化，促使了认知和情感的统一、体验和内化的统一；

4. 营造安全、温暖、友好的课堂氛围。

三、探寻助人的意义

师（小结过渡）：同学们，你们当初帮助别人的时候，想到过对方会在今天这样的公开场合向你道谢吗？如果对方没有感谢你，你还会帮助他（她）吗？选择会的同学请举手。

生：略。

师（故意追问）：他（她）都没感谢你啊，你还要帮助他（她）吗？

生：交流"助人的意义"。

师：总结点评，引导学生分析"盲人点灯"的材料。

盲人点灯：

禅师见盲人点灯，说："你自己看不见，却为别人点灯，这是行善。"

盲人说："？"

师：盲人会说什么呢？

生：略。

师：又给你什么启示呢？

生：帮助别人就是帮助自己。

师：是啊，盲人一方面为他人带去光明，另一方面，又能使别人不撞到自己，并且他一定也能感觉到自己的存在也是有价值的，盲人的眼前虽然是黑暗的，但他的内心一定是光明、温暖的！

师（小结）：讨论至此，我们懂得帮助别人是很有意义的，老师也明白"为什么大家会选择帮助更多的人，即便对方没有向你表示感谢"，用一句话概括，就是"付出爱心，不图回报"。可是有句俗语是这样说的"滴水之恩，涌泉相报"，这不矛盾了吗？你是怎么理解的呢？

生：分组讨论、交流。

师：组织辩论、点评引导。这两句话既适用于不同的人，也适用于同一个人。

【设计意图】

1. 通过现场调查的方式，将教师的教育意图巧妙隐藏，让学生在自我反思与诘问中强化助人的信念，随后的交流旨在让这一信念更加明确；

2. "灯"代表光明、温暖与希望，借助"盲人点灯"的素材，让学生深刻感悟助人的哲学意味与广博意义，并借此与"善行无迹"里的"灯"形成呼应，强化了灯的积极美好意象；

3. 开展辩论活动，给学生搭建交流展示的平台，让他们在表达自己的主张与见解中懂得"回报与否只是基于不同的主体"，进一步明晰"助人与回报之间的关系"，引导学生感悟"帮助别人应该真诚无私、不图回报，受人帮助应该心怀感恩、涌泉相报。"

四、分享助人的智慧

师（过渡）：同学们有没有发现老师把辩题改了？对照书本，看看老师改动了哪个词？

生："施以"改成了"付出"。

师：你赞成老师的改动吗？

生：略。

师：如果是你，会怎么改呢？

生：奉献。（板书）

师：为什么？

生：略。

师：说明，同样是付出爱心，方式不同，效果大相径庭。助人是讲究方法的，如果帮助他人的方法不对，有时会出力不讨好。我们班就有同学遇到了这样的尴尬和困惑，大家一起来看看。

（出示两个事例，引导学生分析）

生：讨论、交流。

师：对学生的交流内容点评、拓展、引导，提炼关键词并副板书。

师：通过讨论我们明白，帮助别人除了有爱心，还需要有智慧。

【设计意图】

1. 将"施以爱心"改为"付出爱心"，一是因为"施以"一词确有"施舍"之意，容易引起误解与抵触，二是使学生懂得要学会质疑和批判地看待问题，不唯师、不唯书，三是借此自然引入"助人的智慧"话题；

2. 选用两则班级学生的真实事例，使教学做到贴近生活、贴近实际、贴近学生，进而能学以致用；

3. 为班级同学指点迷津，就是在"助人"，紧扣教学主题；

4. 用"角色扮演"这一活动形式，既突显了学生的主体地位，调动其参与的积极性，又能增加教学的生动和趣味性，避免了教师讲解的直白与生硬。

五、延续助人的行动

师：（接上）同学们，你们用智慧为这两位同学指点了迷津，大家愿意带着自己的智慧去帮助更多的人吗？

生：愿意！

师：在我们身边，有很多人正遭遇这样或那样的困难，甚至是不幸，让我们一起走近他们。（出示课件）

生：看图片。

图3-6-1　手抄记录

师：看了这些，你想用怎样的方式去帮助他们呢？请大家商量一下，并将你们的打算写下来。

生：小组讨论，完成表格。

师：巡回指导，组织展示（用展台），点评引导。

师：此刻，老师想到了一个充满正能量的群体，他们有一个共同的名字，叫志愿者，（板书）同学们打算做的事就是志愿者们正在做的事，只是目前同学们没有志愿者的身份而已。但大家的思想和行动与志愿者的精神是一致的。（讲解副板书内容"奉献、友爱、互助、进步"）

师（问组长）：今后，如果有机会、有能力，你愿意将自己的爱心小分队注册成为志愿者组织吗？

生：愿意！

师：你愿意招募在座的同学们加入你的团队吗？

生：愿意！

师：那你问问大家愿不愿意啊。

生（组长）：大家愿意吗？

生（齐声）：愿意！

师：好！那就请同学们一起大声地说出你们的承诺！

生（齐读）：我愿意成为一名志愿者，发扬"奉献、友爱、互助、进步"的志愿精神，帮助他人，服务社会，成就自己！

【设计意图】

1. 设计此环节，使学生懂得"助人不仅是昨天、今天之举，更重要的是未来能做些什么"；

2. 选择一组图片制成相册，使学生通过对比感受自己的幸运与幸福，同时激发和增强其助人的主动与积极性，懂得"不仅要帮助身边熟悉的人，对其他不认识的陌生人也要伸出援助之手，爱心要更广博"；

3. "爱心小分队"的研讨合作与展示讲解，让学生将各自相对零星、模糊的助人意向予以明晰，形成共同的价值追求与助人承诺；

4. 集体承诺，既是对课堂的一种升华与延伸，更是强化学生的"助人信念"，并以此引导、促使学生"知行合一"。

第四章

活动教学案例选编

4

第一节　部编教材七（上）

道德主题活动设计——时光，你好

【活动名称】

时光，你好。

【所属课程】

七年级上册第一课《中学序曲》。

【活动类型】

体验类活动。

【参与人员】

全体学生。

【设计意图】

告别小学，跨进中学的大门，学生步入人生发展的一个新阶段，开启生命成长的又一旅程。站在成长的节点上，学生内心活动是极其丰富的，也是复杂多变的，其中既有共性的情感，也有明显的个体差异。引领中学生回忆自己小学生活，正视自己的收获与遗憾，感悟成长的连续性，鼓励学生把握今天的成长机会，积极寻求改进方法，在今后生活中重新塑造自己。

【活动流程】

1. 课前准备

教师提前准备①学校校歌，并配上校园风采和优秀学生的图片、视频；②8K白纸，白纸分为三部分，标题分别是：《你好，旧时光！》《鱼骨图分析法》《新时光，你好！》

2. 活动过程

步骤一：《你好，旧时光！》板块，写上自己的小学校园名称，在白纸中间画出小学时的自己，在人物画像的左边写出自己的收获，右边写出遗憾。在下方写上：对小学的感谢与祝福。

步骤二：《鱼骨图分析法》板块，选择某个遗憾，运用鱼骨图分析法，分析该遗憾形成的主观原因和客观原因。

步骤三：观看新学校视频，聆听校歌，欣赏校园风光，了解校园设施，感悟学长、学姐对初一新生的励志话语和希望。

步骤四：《新时光，你好》板块，写上现在的学校名称，在中间画出"长大的我"。

3. 交流共享

前后四人为一组，交流讨论，针对遗憾提出建议，寻求弥补的方式和机会，大家集思广益，并在"长大的我"右边写出克服遗憾的方法。

4. 总结提升

成长是一个连续的过程，过去的遗憾已经过去，让我们一起告别昨天，把握今天，在新生活中不断完善自己，在《新时光，你好》下方写下激励自己的话语，把握现在，做最好的自己。

【活动评价】

升入初中的新生，进入了一个新的学习环境。自己能否适应新环境，能否把握机遇，迎接挑战，是七年级新生面临的重要问题，这些问题将影响初中三年的学习。通过本次活动，让同学们对曾经的学校感恩，初步了解新学校，同时正确认识、评价、悦纳自己，并定好初中目标，让同学们有梦想、有信心、有方法，力争做最好的自己！

（淮安市浦东实验学校　朱燕春）

道德主题活动设计——我的朋友圈

【活动名称】
我的朋友圈。

【所属课程】
七年级上册第四课《和朋友在一起》。

【活动类型】
体验类活动。

【参与人员】
全体学生。

【设计意图】

学生升入初一后，朋友圈发生着显著的变化，原本熟悉要好的伙伴因为升学暂时分开，身边的同学才刚刚认识，还有几分陌生。朋友圈的变化会在学生的内心世界掀起波澜。从同龄人的眼中寻找自己，与同龄人发生深刻的联系、建立真挚的友情成为学生们迫切的内心需要。对朋友在生命中的重要性，学生只有一些模糊的体验，把学生的感性体验上升到理性认识，可以帮学生进一步感受友谊的力量，明确交往和友谊在成长中的价值和意义，从而珍惜友情，善待朋友。

【活动流程】

1. 课前准备

教师搜集学生生活中与朋友的合影，并制作成视频。

2. 古诗拼写

若	内	邻	若
涯	比	己	天
在	无	水	儿
存	海	知	千

尺	深	不	千
潭	情	伦	桃
及	火	水	牛
汪	我	花	送

图4-1-1　古诗拼写1　　　　图4-1-2　古诗拼写2

思考：这两首诗都在表达什么样的情感？

3. 你还知道哪些歌颂友情的诗句名言、经典故事、影视作品？

（学生列举）。

4. 学生欣赏视频

视频内容为自己与朋友的合影，回顾自己与朋友相处的点滴往事。

5. 写一写"我的朋友"图

思考：在你的成长过程中，哪些朋友曾经陪伴在你的左右？

要求：

（1）每位同学回忆幼儿园、小学以及进入初中后结交的好朋友，并把自己朋友的名字分阶段写在"我的朋友"图上的相应位置。

（2）横轴代表时间，纵轴代表朋友与你关系的远近。

（3）如果你想保密，也可以用代号表示朋友的名字。

6. 小组代表上台，利用多媒体投影展示交流，分享感受

教师提问：在不同阶段，你的朋友圈有没有发生变化？如果有，发生了什么样的变化?

学生:……

【活动评价】

学生回忆与朋友交往的点点滴滴，理解随着年龄的增长，也许有人发现自己的交往范围扩大了，朋友圈也扩大了，交往内容更加丰富了；也许有人发现，自己的朋友圈比以前变小了，但是交往更加深入，朋友关系更加密切了。

从古诗拼写、列举歌颂友情的诗句名言、经典故事、影视作品到观看自己与朋友的合影视频再到写一写"我的朋友"图，学生参与的积极性非常高。教师应尽量用取材于学生自己生活、最贴近学生生活实际的活动，让更多的学生切实参与到课堂中。在引起学生产生共鸣的前提下，帮助学生梳理自己的朋友圈，让学生认识到友谊的变化以及其重要性。

（淮安市清浦开明中学　秦慧娟）

道德主题活动设计——班级晚会

【活动名称】

班级晚会。

【所属课程】

七年级上册第五课《让友谊之树常青》。

【活动类型】

体验类活动。

【参与人员】

全体学生。

【设计意图】

教学应把"一切为了每一位学生的发展"作为核心理念，面向全体学生，使绝大多数的学生都能达到基本要求，获得成功。树立以学生发展为本的教学原则，首先是树立以学生为本的思想，树立学生是学习主人的观念，突出学生在课堂的主体地位，为学生提供可以拓展的空间，激励学生在各项活动中得到充分发展。学生学习的主动性、积极性主要来自教师的调动，这就需要教师精心设计教学方法，激发学生兴趣，激活学生思维，激起学生情感，激励学生干劲，使学生全身心地投入到学习中。教师要避免用单纯传授知识的教学方法，尽量采取行之有效的教学方法，创造性设计贴近学生实际的教学活动，吸引和组织他们积极参与，学生通过交流、合作、思考等方式学习，完成学习任务。

【活动流程】

主持人（女）：同学们生活在同一个班级里，每天在教室里一起学习，在运动场上一起驰骋，在走廊上相遇，在食堂里一起用餐，多少次擦肩而过。在共同的学习和生活中，我们之间难免会发生一些小摩擦，为了化解同学们之间的矛盾，今天活动的

第一个环节是"问候他（她）"

（老师组织并提出要求：全班同学平均分成2队，面对面站好，然后其中一队排队走到另一队面前，挨个与同学握手。握手时每位同学都要说一些问候语。如：你好或者你最近怎样等。握手时不能像触电似的，一触即放，而应有力度和一定的时间。）

握手的环节结束后，老师示意大家回到座位上，掌声响起，结束第一环节。

主持人（男）：当我们的双手紧紧握在一起时，我们的心不再隔膜，同学之间的小矛盾也在这紧紧相握的双手间消除。不过同学之间怎么可能没有矛盾呢？下面进行

第二个环节：小品表演《单挑》

女：喂，你超过了，没长眼呀！

男：中学生咋不说人话呢！

女：哎……你这人怎么还骂人啊！居然连点礼貌都不懂，亏你还是中学生，我看你连三岁小孩都不如。

男：呦嘿，居然还较劲了，你骂人还说我骂人。（起身举拳）

女：哎……干什么？干什么？想打仗吗？

男：咋滴啦！今天手痒痒，就想打仗了。

女：手痒，捣墙去。

男：把你当成墙最好。

女：你这人咋回事呀，软的不吃吃硬的，今天就非要你吃硬的。

男：我看你又不想混了。

女：咋叫不想混了呢？有本事单挑去。

男：单挑就单挑，可有句话说："好男不跟狗女斗。"

女：什么？竟说我们是狗。打！！！

主持人（女）：同学们，大家走到一起，坐在一个班级，为着我们共同的目的，遇到矛盾时要学会化解矛盾，而不是激化矛盾。下面进行

第三个环节：我感谢……

（这个环节同学们互说感谢，把自己平常不好意思说出口的感谢都表达出来，在这一环节中可以多让几位学生发言，增进同学之间的感情。）

主持人（女）：原来同学之间还可以这样交往。下面进行

第四个环节：我欣赏……

（让同学们互相夸奖，加深友谊，这个环节也可以多让几个同学参与。）

主持人（女）：为了加深我们班同学之间的友谊，下面进行

第五个环节：送礼物

（所送的礼物必须是自己动手做的，不需要花多少钱。通过这一环节的活动，将同学之间的友情融入一个健康、向上、团结的班集体中。培养学生的集体荣誉感，增强集体凝聚力。）

第六环节：手拉手

（老师带领学生走到教室外，分为五组，大家手拉手，跳集体舞《春天在哪里》。五组同学组成的五个图案，犹如一朵盛开的花朵。）

【活动评价】

引导学生通过创设情景等活动来获取知识，以学生为主体，使学生的独立探索能力得到了充分的发挥，培养学生的自学能力、思维能力和组织活动的能力，在活动中使学生学会去呵护友谊。

（淮安市第一中学　程艳）

道德主题活动设计——微情景剧大赛

【活动名称】

师生交往主题——微情景剧大赛。

【所属课程】

七年级上册第六课《师生交往》。

【活动类型】

实践类活动。

【参与人员】

全体学生。

【设计意图】

要想提高教学的质量，做好教学改革，需要建立和谐的师生关系，只有教师和学生之间能够互相理解、尊重和信任，可以平等的进行沟通，这样的课堂教学才会更加和谐有效，教学活动的开展也能够更加顺利。但是，在师生交往中，由于年龄、经验、角度等方面的差异，师生之间可能会出现某种误解、矛盾或冲突，这是不可避免的。这个活动旨在通过学生模拟师生交往过程中存在的心理冲突、烦恼、困惑等，从中体验心理的细微变化，来帮助同学们解决师生之间现存或将要出现的问题，真正做到换位思考，促进师生关系更加和谐。

【活动流程】

1. 赛前准备工作

（1）事先将学生分组（依据班级学情分组）。

（2）要求学生以师生交往为主题，素材选取贴近生活实际，要求表演的剧本有内涵、有意义。

（3）给学生一周的准备时间，并成立专门的主席评审团（由学生及老师组成），制订评分标准，如：

主题（30分）：主题明确，紧紧围绕本次大赛活动主题，有教育、启示意义。

内容（20分）：充分反映学生生活，解决师生交往中切实存在的困惑及问题。

方法（20分）：解决方法生动有效，切合实际。

演技（20分）：演员语言，肢体动作，心理活动，配合默契。

道具（10分）：使用自制道具可以适当给分。

2. 具体流程

（1）开场：由主持人致开场词，引出情景剧的表演。

（2）由各队伍按赛前抽签的顺序依次进行表演。

（3）由现场评审团评选出优秀作品2个，"明日之星"若干名。

（4）全员交流，分享感受。

师："经历这个活动之后，你的感受是什么？对于师生交往，你有了哪些新的启示或收获？"

生：……

【活动评价】

从课前的准备到课堂的展示，学生参与的积极性非常高涨，他们认真准备，热情参与，有更多的学生切实参与到课堂感知体验。在教师的引导和主持下，活动有序地进行，让学生认识到老师是我们知识学习的指导者，也是我们精神成长的引路人。老师给予我们生活上的关心和情感上的关怀，我们也应该主动关心老师、理解老师，在平等相待、相互促进的师生交往中，与老师和谐相处。

（淮安市清浦开明中学　张红星）

道德主题活动设计——"孝亲敬老"我能行

【活动名称】

"孝亲敬老"我能行。

【所属课程】

七年级上册第七课《让家更美好》。

【活动类型】

实践类活动。

【参与人员】

全体学生。

【设计意图】

教材《让家更美好》一框为最新2016人教版七年级（上）《道德与法治》第三单元第七课第三框内容。学生以"家的意味""爱在家人间"等概念作为认知起点，以生活在家庭的已有认知、经验作为基点，学习起来是饶有兴趣的。但由于家庭各异，学生们身处的家庭环境不同，学习中难免存在个体差异等情况，需要为师者灵活处理。在教学过程中，教师必须根据新课程，凸显新理念，采取理论联系实际的教学原则，组织学生交流、探究各自的家庭情况，针对家庭状况及父母的工作情况，和家庭成员一起制订"孝亲敬老"的计划和措施，真正把本课的教学目标落到实处。

【活动提示】

1. 每个同学的家庭状况不同，家庭成员的组成也不同，应根据实际情况制订计划。

2.可以侧重从孝心和孝行两方面思考和制订行动计划。

3.制订计划时应考虑实施的现实性和可行性。

4.要和家庭成员一起践行计划,体验"孝亲敬老"的亲情之乐。

【活动流程】

1.课前准备

(1)教师提前布置本节课的活动任务,提醒学生在制订该活动计划时要与家庭成员一起进行交流讨论,提高计划的实效性。

(2)学生利用课余时间与家庭成员商讨制订切实可行的行动计划。

2.课堂活动

第一目:教师对班级同学进行分组,方便活动的组织,提高活动的效率。

第二目:欣赏宣传片《家和万事兴》,体会家庭和睦、幸福美满的喜洋洋心态。

第三目:以小组为单位,班级同学在组内交流各自家庭的"孝亲敬老"计划以及具体措施。

注:学生在组内交流时,老师需要到各个小组了解、指导学生的活动。

第四目:每个小组推选1—2名同学,在班级内交流各自的活动计划和具体措施,供每个同学根据自己家庭的实际情况进行借鉴。

第五目:班级每位同学根据刚才交流与展示的情况,进一步完善自己的"孝亲敬老"计划和措施。

第六目:教师总结。"孝亲敬老",落实在行动中,往往不需要惊天动地。谈谈心、聊聊天、洗洗脚、陪体检、到公园游玩、联系老朋友聚一聚……所有这些,都是其具体的表现。"孝亲敬老",没有将来时,只有现在时,"子欲养而亲不待",别把遗憾留在我们的记忆深处。

【活动评价】

高效的课堂活动,来自贴近学生实际的活动设计。活动设计,力求从学生熟悉的生活情景与经验出发,选择学生身边的、能激发学生兴趣的问题,让学习的兴趣与动机倍增,使学生感受到学习的内容与日常生活密切关联。本则案例活动,突显了课堂教学的核心力,即调动全体学生自主参与活动。教师起到组织者、引导者、点拨者的作用,放手让学生自主探究,展示了学生的独特个性,使每一个学生都学有所获。

(淮安市北京路中学　苏华友)

道德主题活动设计——给生命让出一条通道

【活动名称】

给生命让出一条通道。

【所属课程】

七年级上册第八课《敬畏生命》。

【活动类型】

体验类活动。

【参与人员】

全体学生。

【设计意图】

培养学生观察社会现象，分析社会问题，提出解决问题的道德对策能力。学生通过观看视频发现在我们身边有着很多正能量。同时，引导学生思考生活中为什么存在一些负面现象，它们会产生怎样的后果。视频中的现象在社会上广泛存在会形成怎样的社会氛围？学生认真思考后，很容易得出结论：我们对生命的敬畏是内心的自愿选择。这个活动旨在强化学生的道德认知，促进学生观察问题、分析问题、解决问题能力的提升，从而认识到敬畏生命是每个人自愿的选择。

【活动流程】

观看视频《给生命让出一条通道》。

1. 思考

（1）当你遇到这样的情况你会如何选择？

（2）视频中的行为会产生怎样的结果，给我们带来哪些启发？

（3）逆向思维，现实生活中也存在因不让道而延误最佳治疗时间的例子，会带来怎样的后果？

（4）全员交流，分享感受。

2. 要求

（1）先独立思考，再与同伴互说释疑。

（2）进行小组交流，将答案关键词写在展板上。

（3）思考安静，讨论有序。

【活动评价】

我们每个人对社会现象都有自己的思考和理解，对生命也都有着自己的感悟。观看视频时学生集体自发为视频中的司机鼓掌，说明同学们心中有着对社会现象的基本道德认知。通过活动学生可以明确一定的道德标准，能够感受到敬畏生命是我们每个人内心的自愿选择。当我们能够与周围的生命休戚与共时，我们就走向了道德的生活。

（清河开明中学　张松）

道德主题活动设计——精神家园我来守

【活动名称】

精神家园我来守。

【所属课程】

七年级上册第九课《守护生命》。

【活动类型】

体验类活动。

【参与人员】

全体学生。

【设计意图】

对于处在初中阶段的未成年人来说，他们正处在青春发育关键期，心理情绪变化不定。本次活动旨在教育学生学会珍爱生命，对生命负责，须做到既要爱护身体，又要养护精神。这个活动引导学生认识到守护生命需要关注并养护我们的精神，进而懂得怎样养护精神。引导学生分享精神活动的意义，可以帮助学生认识到，我们每个人的精神生活都流淌着民族文化的血液，离不开优秀传统文化的滋养。教育学生养护精神，不能丢失优秀的民族文化，需要在个人精神世界的充盈中发扬民族精神。

【活动流程】

1. 课前准备

教师提前布置任务，对全班进行分组，选出若干评委，负责每个组秩序维持和组员成绩评判，老师负责督导。

2. 全班参与

（1）让学生浏览教材的四幅图。

（2）6个同学为一组，以组为单位，每位同学分享自己参与过的或者了解的相关活动，并思考这个活动对我们成长的意义。

（3）每组选择一名记录员，将大家的分享成果记录在互帮显示板上。

3. 小组展示

每组选择一名代表集中发言，展示本组的讨论结果。

4. 评判标准

与主题相适应的活动数量最多的、活动环节秩序较好的组获胜。

5. 教师总结

【活动评价】

通过这个活动，学生可以深刻认识到，守护生命，不仅是守护肉体生命，还有精神生命。守护精神家园，不能丢失优秀的民族传统文化，需要在个人精神世界的充盈中发扬民族精神。

（淮安市清河开明中学　王晶晶）

道德主题活动设计——"人生四步曲"游戏

【活动名称】

"人生四步曲"游戏。

【所属课程】

七年级上册第九课《增强生命的韧性》。

【活动类型】

体验类活动。

【参与人员】

全体学生。

【设计意图】

挫折是人们在从事有目的的活动时受到的阻碍和干扰，因获取成功的心理需要得不到满足而产生的一种消极的情绪反应。如果处理不当，它会给人造成心理压力，损害身心健康从而影响学习和生活。对学生进行挫折教育，帮助学生健康成长，有利于他们将来更好地适应社会生活。

【活动流程】

1.游戏方法

两个"蛋"猜拳，胜者变"小鸟"，"小鸟"找"小鸟"猜拳，胜者变"人"，"人"找"人"猜拳，胜者变"王"，如果输了，就倒退一个等级。（蛋——小鸟——人——王）

2.游戏时间：3分钟

代表动作：蛋，双手抱膝；小鸟，张开双臂；人，举手在胸前；王，握拳高举。

3.游戏过程

（1）开始时，大家都处在"蛋"的状态，然后每两人一组，进行石头剪刀布，赢的升为"小鸟"，输的继续在"蛋"的状态。

（2）接着，赢了的队员再两两一组，进行PK，赢了的升为"小鸟"，输了的回到"蛋"的状态，和同样处在"蛋"状态的队员石头剪刀布。

（3）依此类推，直到连赢四次，经历从蛋——小鸟——人——王的"四步曲"，才算胜利。

【活动评价】

如果把人生比作四步的话，我们开始都是平等的"蛋"，但一轮过去了，赢的长成小鸟，输的仍然是蛋。做小鸟的想继续升级，做蛋的想变成小鸟。在游戏中感受成功与失败，成长的过程不是一帆风顺的，有挫折有反复；只要肯坚持和努力，我们都会有收获并不断成长。

（淮安市第一中学　程艳）

道德主题活动设计——猜猜我是谁

【活动名称】

"猜猜我是谁"——剪影游戏。

【所属课程】

七年级上册第十课《活出生命的精彩》。

【活动类型】

体验类活动。

【参与人员】

全体学生。

【设计意图】

生命教育是一个永恒的主题，是一个人最初也是最重要的教育，是贯穿人的一生的教育。引导学生体验生命的意义，从而珍爱自己、尊重他人的生命，是一切教育的基础。七年级的学生对于生命的意义已经有了自己的认识，但是认识比较浮于表面。因此可以通过他人的生命历程引导学生理解生命的意义，使其认识到每个人的生命都是独特的，但是怎样让自己的生命有意义就需要自己去努力。这个活动旨在让学生懂得伟大在于创造和贡献，懂得要向伟人学习运用自身的品德、才智、劳动，创造出比自己有限生命更长久的、不平凡的社会价值，为社会留下宝贵的物质财富和精神财富，实现自身生命价值。

【活动流程】

1. 课前准备

（1）老师在网上搜集一些名人的经典图片，可以是书本上的一些名人插图如马克思、杜甫、达尔文、爱因斯坦等。

（2）运用PS软件将图片中的人物抠出来，并将抠出来的人物轮廓涂黑做成剪影。

（3）PPT动画飞入、飞出效果将剪影和正常的图片叠加，剪影在上方是做游戏所用，正常图片在下方，是公布答案所用。

2. 活动步骤

（1）全班参与PPT展示人物剪影：图片1——杜甫、图片2——达尔文、图片3——李白、图片4——孔子、图片5——岳飞，让学生猜测这些人物是谁。

（在该环节中，大多数学生是猜不出图片中的人物的，因为剪影只能让学生看清人物的体形和性别。）

（2）剪影游戏升级，在每张剪影旁边配上该人物标志性的成就或语言，再让学生进行猜测。

（在该环节中学生的猜测就比较容易，基本上都可以猜出全部人物）

师：为什么第一轮游戏中，你们没有猜出这些人物？

生：因为没有特点，每个人都有可能……

师：这些人与我们相隔百年，为什么你们能猜出他是谁？

生：因为他们很有名，因为他们做出了很多贡献，他们有成就……

师：他们的人生因为他们的成就而精彩，他们的人生充满了意义，伟大在于创造和贡献。

【活动评价】

每个人的人生都是独特的和充满价值的，但是在漫漫长河中有些人被世人记住，有些人却被遗忘，原因是什么？通过这个游戏可以让学生明白伟人通过自己的贡献和成就，让自己的生命价值得以延续，从而使他们思考如何实现自己的人生价值。

（淮安市清浦开明中学　毛雨）

心理主题活动设计——放飞人生梦想

【活动名称】

放飞人生梦想。

【所属课程】

七年级上册第一课《少年有梦》。

【活动类型】

体验类活动。

【参与人员】

全体学生。

【设计意图】

青年一代有理想、有本领、有担当，国家就有前途，民族就有希望。本次活动设计旨在引导学生了解并更加明确自己的人生梦想，让学生从小怀抱梦想，树立目标。在活动中在明白在实现梦想的过程中会遇到很多困难和挫折，需要我们用毅力和正确的方法去克服，用健康向上的积极态度和行动去实现创新进取的人生。

【活动流程】

1. 课前准备

学生课前准备制作空白风筝所需要的材料和工具，老师准备一些制作风筝所需的备用工具。

2. 活动地点

学校操场。

3. 活动过程

活动一：制作风筝（**15分钟**）

以小组为单位进行手工制作风筝比赛，比一比哪个组制作的最漂亮而且完成的最快。老师负责必要时协助和观察各组制作情况。

活动二：书写"梦想宣言"（**5分钟**）

在自己制作好的空白风筝上书写"我的梦想宣言"。

活动三：放飞梦想（**15分钟**）

全体同学试着放飞写好"梦想宣言"的风筝。

按小组划分区域，每组选出一名组长负责协调和记录放飞情况。

4. 全员交流分享感受（**10分钟**）

（1）你放飞风筝的过程顺利吗？如何才能使风筝飞得又高又稳？

（2）你从放风筝的过程中得到了哪些启示或收获？

学生分享感受后，教师进行总结提炼。

【活动评价】

本次活动教师主要负责引导、协调和主持，使活动顺利进行，把课堂真正地还给学生。

让学生在课堂中动手制作风筝，提高学生参与活动的积极性，尽量让每一个学生都能得到展示自我的机会。通过"书写梦想宣言""放飞风筝"环节，使学生在活动体验中找到实现梦想与"放风筝"之间的共同点，使他们懂得在生活中也许会有困难和挫折，但需要我们不忘初心、无惧将来，让梦想像我们手中的风筝一样，在空中翱翔。

（淮安市白鹭湖中学　吴晶晶）

心理主题活动设计——认识自己

【活动名称】

认识自己。

【所属课程】

七年级上册第三课《发现自己》。

【活动类型】

体验类活动。

【参与人员】

全体学生。

【设计意图】

跨入中学大门，学生进入一个新的人生阶段。这个阶段，是学生自我意识发展的重要时期，随着自我意识的发展，他们自我探索不仅很有必要，而且成为他们人生阶段中的一个关键点。认识自我是他们极感兴趣又需要恰当引导的问题，他们关注自己在他人眼中的形象，由于十分注重自我形象，往往过度在意他人对自己的评价。这个活动旨在促进学生客观地认识自己，引导学生学会运用理性的态度去面对他人的评价，从而能够正确地认识自己。

【活动流程】

1. 照镜子

老师准备好镜子，让学生照镜子，认真看看镜子中的自己。

2. 画画像

（1）每人在白纸上画一张自画像。要抓住自己的特点，表现自己的形象，可以具体些，可以抽象些，也可以在旁边写下"我是……"的句子。（例如：我是一个男生，我的爱好是打球等等，注意不能写名字）

（2）也可以选取自己中学生活的一个镜头，用几个词语描述自己展现的形象。（不透露名字）

3. 猜主人

将白纸折叠收齐，从中随机抽取展示，让班级同学猜测描述的是谁，学生们再评论这个"自画像"像不像。

4. 美画像

学生可以用一些词语对抽中的自画像进行补充，也可以说说自己想对画像主人说的话。

5. 谈感受

当事人分享自己满意的部分和不满意的部分，谈谈听到别人评价后的感受。

【活动评价】

"自画像"代表着自己对自己的认识，我们可以通过自我评价来认识自己，对自己有个恰当的自我评价，能帮助我们接受自己。他人的评价是我们认识自己的另一面镜子，有助于我们形成对自己更为客观、完整、清晰的认识。通过活动，学生学会用理性的心态面对他人的评价，从而完善自我。

（淮安市清浦开明中学　高佩佩）

心理主题活动设计——寻找更好的自己

【活动名称】

寻找更好的自己。

【所属课程】

七年级上册第三课《做更好的自己》。

【活动类型】

体验类活动。

【参与人员】

全体学生。

【设计意图】

"成为更好的自己"，相信每个人的愿望都是这样的。那"更好的自己"是什么样的呢？没人会告诉你什么是"好"，怎样才是属于我们自己的"更好"呢？知道目的地，才有方向，如果目标定得太高、太多或者不是自己真正想做的事，就会很容易动摇甚至放弃。

心理学家很早就认识到一致性原理对人们行为的巨大影响力，如果将任务、计划、愿望写下来，做到的可能性要比不写下来大得多，因为书写下来的事情更容易得到承诺的一致性。经常翻看自己写下的愿望和目标，也会提醒自己方向在哪里，现在要做什么才能走向那个未来更好的自己。

通过该活动让学生头脑中那些模糊的形象具体化，再结合自身实际，逐渐勾勒出一张未来更好的自己的画像，明确自身的奋斗目标并且用思维导图的方式强化认知，提升自律意识。

【活动流程】

描绘1年后理想的自己的蓝图，我们先要接纳现在的自己，再寻找理想自己的特点。

step 1：列出你崇拜的人，你认为出色的人，你尊敬的人，给你很大影响的人；

step 2：他们吸引你的地方是什么？请列出他们自身的特点；

step 3：这些特点的共同之处是什么？这些特质就是你理想的自我；

step 4：他们具体做了什么事情让你觉得很特别？

step 5：多回想你的经历，多追问自己想要什么，想象一下你崇拜的人有哪些品质和习惯，找到你真正想努力的方面，从而形成自我坚实的内驱力。

step 6：按照生活、学习、专业、人际关系、心理、身体等分类。每个方面挑选1—2个你最想实现的愿望、最想改进的目标作为你的新年决心，不能太贪心啦，一个领域要专注在一件重要的事情上，通过思维导图的方式写下不同角度的关键词。（思维导图简单明了，便于日后看到自己的改进愿望图时一目了然）

step 7：请愿意分享的同学在全班大声宣读自己的新年自我改进愿望，增强自信心和决心。

【活动评价】

人都有向善尚美的情感需求，在价值多元化的今天，每个人都应该找到属于自己喜欢的美好形象，如此才能有坚实的内驱力，但很多时候我们对于自己未来想成为的模样是模糊的、零散的、感性的，因此通过活动让我们将"喜欢的模样，更好的自己"具体化，并且用1—2个最重要的关键词来表达，便于强化自我认知，而且让大家知道每个人都是独一无二的存在，每个人追求的更好的自己同样是独一无二的，同时利用青少年崇拜偶像的心理塑造自身美好形象，在活动中老师要加以引导孩子注重关注偶像的内涵和努力。

（淮安市清河实验中学　陈雯）

心理主题活动设计——给朋友画像

【活动名称】

给朋友画像。

【所属课程】

七年级上册第五课《让友谊之树常青》。

【活动类型】

体验类活动。

【参与人员】

全体学生。

【设计意图】

学会用恰当的方式与同龄人交往，建立同学间的真挚友谊是中学素质教育的重要内容之一。中学生与同龄人之间建立的友谊是最为真诚纯洁的，不仅能促进人际交往，丰富日常生活带来的乐趣，而且能促进自我认同、互帮互助共同发展，进一步体会到友谊的力量和生命的美好。

处于"心理断乳期"的中学生渴望友谊，需要倾听、欣赏和帮助，但由于自身的不成熟和缺乏交往的智慧，往往不知道如何建立友谊，常常在付出一腔热情之后获得失望；或者在收获友谊之后不懂如何呵护，缺乏对朋友的理解以致友谊之路受挫，失去结交朋友的勇气。

这个活动旨在增进学生对朋友的了解，理解到每个人都有自己的爱好、隐私和自尊，出现矛盾冲突常常是因为缺乏了解，更缺乏宽容忍让，不能换位思考。引导学生知道，交友既需要热忱、激情，也需要方法、智慧，更需要用心呵护，使友谊之树常青。

【活动流程】

1. 全班同学自由结对，2人一组，选出自己知心的朋友和自己进行游戏。

2. 在一张空白纸上作画，互相画对方，老师要求一定要突出朋友身上最显眼的特征，并且全程遮挡，不要让对方看到自己的作画过程。

3. 互相交换画像，教师观察反应，选反应最激烈的几组说说看到对方对自己的画像之后的感受。

4. 双方交换画纸，在画纸背面写上自己最喜欢的水果、颜色、明星、歌曲

等等。（老师自选题目，此过程同样保密进行）

5. 互相交换画纸，在画纸正面写上朋友心目中好友最喜欢的水果、颜色、明星、歌曲等，写好后看背面查看答案。

师：答案的吻合度有多高？你有多了解你的朋友呢？

生：……

师：结合你给朋友的画像和对他爱好的了解，说说你在交往中的不足之处。

生：……

6. 学生间自由交流爱好乐趣，心平气和地说说对朋友的小小要求和希望他（她）改正的地方。

【活动评价】

学生对朋友的画像代表着学生对朋友最直观的认识，突出特征是为了放大直观性，后来的爱好调查更细致地反映朋友间的互相了解程度。通过这个活动，学生可以看到自己在朋友相处之间的不足与缺憾，认识到朋友交往需要理解和体谅，人无完人，而能容忍自己各种不足的朋友才能成为真正的朋友，要使友谊之树常青，必须运用适当的方法和智慧。

（淮安市浦东实验学校　钟准）

心理主题活动设计——"网上交友利与弊"辩论赛

【活动名称】

"网上交友利与弊"辩论赛。

【所属课程】

七年级上册第五课《交友的智慧》。

【活动类型】

体验类活动。

【参与人员】

全体学生。

【设计意图】

活动设计所依据课程标准的相应部分是"我与他人和集体"中的"交往与沟通"，具体对应的内容标准是"学会用恰当的方式与同龄人交往"；还有

"我与国家和社会"中的"积极适应社会的发展",具体对应的内容标准是"合理利用互联网等传播媒介"。随着互联网的发展与普及,在网上交友已经成为中学生生活的常态。有些中学生沉迷于网络交往,好奇心使得他们希望与网友见面交往,他们往往是在现实中缺少关爱或是缺少理解,或是对父母的叛逆,于是在网上寻找安慰与寄托。学生需要学会辩证认识网上交友给自己带来的影响,并能够用慎重的态度对待虚拟世界的交往。这个活动旨在从学生感受出发,体会网上交友的特点及优缺点,使学生对网上交友有正确认识,学会慎重结交网友。

【活动流程】

1. 课前准备

教师提前布置辩题,正方观点:网上交友利大于弊;反方观点:网上交友弊大于利。为了便于学生收集相关资料,他们自愿组成正、反两队进行对决,每队各由四名成员组成。同时征集主持人一名,计时员一名,评判团五名,心得体会和会议记录员各一名。

2. 辩论赛流程

第一阶段(陈词阶段):

(1)立论陈词

正方一辩陈词2分钟,反方一辩陈词2分钟。

(2)立证陈词(进一步阐述本方观点)

正方二辩陈词1分钟,反方二辩陈词1分钟。

第二阶段(盘问阶段):

(1)正方三辩提问,反方任何选手(只限一名)回答。

(2)反方三辩提问,正方任何选手(只限一名)回答。

(3)提问用时累计1分钟,回答用时累计3分钟。

第三阶段(自由辩论阶段):

由正方首先发言,然后反方发言,正反方轮流发言。共用时6分钟,每方用时3分钟。

第四阶段(总结陈词阶段):

反方四辩总结陈词,用时2分钟。正方四辩总结陈词,用时2分钟。

3. 观众提问

观众可分别向正反方提问1—2个问题。观众提问不影响得分。

4. 全员交流,分享感受

生:……

师小结：①利：我们想与他人交往，渴望与同伴建立深厚的友谊，互联网为我们提供了一个平台；网上交往具有虚拟、平等、自主等特点，超越时空限制，开辟人际交往的新通道，拓展人际交往圈；网上交往可以满足我们的一些心理需要，并且不必承担现实交往中那么多的压力和责任。②弊：互联网开启了通往世界的另一个窗口，但有时却关闭了与他人沟通的心灵之门；虚拟的交往难以触摸到生活中的真实。总之，网上交友有利也有弊，关键是看我们如何合理利用网络这个新媒体工具！

【活动评价】

在辩论赛的教学活动中，学生们掌握的不光是一节课的知识目标，而且熟悉了查找资料、分析整理、阐述观点、引经据典、互相合作的方法，培养了分析能力、应变能力、思辨能力等，这正是"研究性学习"的一次成功尝试！实践证明，一旦学生真正成为学习的主人，他们迸发出的活力将远远超出教师的想象，不仅增强了他们完成学习任务的积极性和主动性，也大大激发了他们的集体荣誉感。在与同学们交往的整个过程中，他们表现出来的强烈的主人翁精神，令教师震撼，更激励教师努力钻研教学业务，真真切切地体会"教学相长"的丰富内涵。

（淮安市清浦开明中学　王磊）

心理主题活动设计——画出我的家

【活动名称】

画出我的家。

【所属课程】

七年级上册第七课《家的意味》。

【活动类型】

体验类活动。

【参与人员】

全体学生。

【设计意图】

"家"对于我们每一个人都具有独特意义和重要价值。每一个人都来自家庭，没有家庭就没有我们的存在。家是我们心灵的港湾，家中的亲情是让生命鲜活的养料，能让我们的心灵找到依靠的港湾。家中的亲情会为我们的成长提供动力，激励我们拼搏。但是，随着城市化进程和人口迁移，血浓于水的亲情正在被各种各样的因素影响、淡化。许多学生对家的认识存在着以下误区：家是地域、住所、一群人、吃饭的地方。这个活动旨在强化学生对家的正确认知，让学生在体验中感悟家的内涵和意义，以此激发学生对于家有深刻的热爱之情，从而好好地爱家人，呵护亲情，建设温馨家庭。

【活动流程】

1. 每人在白纸上画出自己想象中的家。（铅笔描绘）

2. 画完后用彩笔标注所画东西的意义，如房子代表什么，人代表什么。

3. 画完后，可以互相交流，家的意味是什么？

4. 接下来，要求全员安静，停止讨论。

5. 老师引导："现在，你的生活发生了变故，要求你的家中必须舍掉一样，你会舍去什么？"（如果舍去，就拿橡皮不留痕迹地擦掉，让他彻底消失）紧接着，依次，再舍掉一样……

6. 到最后，只能留三样、两样、一样，看看你留下的是什么？

7. 全员交流，分享感受。

师：为什么你留下的是这个？

生：……

师：大家最后留下来的，说明是你认为对家而言至关重要的。

师：经历这个活动之后，你的感受是什么？你觉得家是什么？对家而言什么才是最重要的？

生：……

【活动评价】

我们每个人对家的描绘都象征着不同的意义，都是对家的一种诠释和表达。通过这个活动，学生可以进一步理解家的内涵和意义。家不仅是房子，不仅是一个住所，家是爱的源泉，家是我们生命的依托。此活动可以让学生深刻地体会到，好好地爱家人，珍惜家人，呵护亲情，建设温馨家庭，是我们生命当中极其重要的内容，也是我们肩负的使命。爱是一种能力，伴随着我们的成长，我们需要不断提高爱的能力，学会爱，并学会用正确的方式去爱。

（淮安市清浦开明中学　张红星）

心理主题活动设计——爱的碰撞

【活动名称】

爱的碰撞。

【所属课程】

七年级上册第七课《爱在家人间》。

【活动类型】

体验类活动。

【参与人员】

全体学生。

【设计意图】

进入中学阶段的学生，一方面和小学相比，由于社会、环境等变化，家长的要求更高，学生易产生逆反心理，和家人之间的关系变得紧张；另一方面，随着年龄的增长，学生的成人意识和独立意识不断增强，渴望民主，渴望被尊重，但由于自身经验的不足等，又不能很好地独立自主地处理自己的学习和生活。这时候的学生开始审视、质疑，甚至挑战父母的权威。有些家庭的父母教育理念比较先进、民主，能适应身心不断变化发展的学生，但还有不少家庭的父母教育观念是比较落后的，仍停留在传统的说教甚至粗暴的打骂方式上，亲子冲突在所难免。亲子冲突的存在，有积极的意义，但处理不好会给学生和家长的学习、工作和生活都带来不良影响。通过该活动，希望学生们能更好地了解父母、接纳父母、理解父母行为中蕴含的爱，并学会用正确的方法处理亲子冲突。

【活动流程】

1. 设置情景：周末同学打电话邀请我出去玩，我向妈妈提出要求，妈妈的态度很不好，因为考试成绩的下降，妈妈拒绝了我出去玩的要求。我感到十分生气，和妈妈吵了一架，并将妈妈推出门外。

2. 小组交流，进行故事续编。

3. 邀请部分同学以情景剧的形式展示故事续编，其余同学发言点评。

4. 全员交流，分享感受。

设置问题：

（1）妈妈为什么不让我出去玩？

（2）怎样才能缓解和妈妈的冲突？

【活动评价】

情景剧表演是学生比较喜欢的一种活动方式，特别是参与表演的学生情感上的体验会比较深刻，教学效果也会比较好。但在实际教学过程中，教师一定要对学生进行表演要求的指导，尽量简单明了，直奔主题，才能引导学生更好地将表演中的感悟内化为内心的情感，并最终落实在行动上。

（淮安市清江浦中学 姚凤）

心理主题活动设计——感悟生命的独特性

【活动名称】

感悟生命的独特性。

【所属课程】

七年级上册第八课《生命可以永恒吗》。

【活动类型】

体验类活动。

【参与人员】

全体学生。

【设计意图】

中学生就如同初升的太阳，正处于人生刚开始的时期！与此同时，处于青春期的初一学生开始对自己的人生有了美好的规划，这个时候，老师的正确教育和引导就显得尤为重要。必须让他们知道生命是与众不同的，是不可替代的，并根据自己的性格、能力等因素选择适合自己的人生道路，同时激发学生心中对生命独特性的尊敬之感，使他们能做到由衷的热爱与珍惜丰富多彩的生命。

【活动流程】

课前准备：4盒印泥、4小袋同一品种树下的叶子、空白纸若干。

1.6人围成一个小组，面对面坐下，选出一个小组长。

2.组长自愿选择印泥或树叶。

3.拿到印泥的小组成员将自己的指纹印到空白纸上，寻找相同的两个指纹，拿到树叶的小组成员开始仔细寻找"一模一样"的两片树叶。

师：你们找到两个完全一样的指纹和树叶了吗？

生：……

师：世界上没有两片完全相同的树叶，也没有两个完全相同的指纹，对此，你有什么感悟？

生：……

【活动评价】

我们每个人的生命都是独特的，是不可替代的。每个人都有不一样的优点和特长，我们要善于发现自己的不同和自己的优势，发展自己的优势，并根据自己的特征寻找适合自己的人生道路。在这个过程中，我们不用羡慕别人的鲜花与掌声，我们一样能活出自己的精彩。

（淮安市清浦开明中学　朱红）

心理主题活动设计——我的生命线

【活动名称】

我的生命线。

【所属课程】

七年级上册第十课《感受生命的意义》。

【活动类型】

体验类活动。

【参与人员】

全体学生。

【设计意图】

处于青春年华的初中学生，风华正茂，对生活充满热情，洋溢着生命的活力。他们中一些人已经开始思考生命的意义，但是难以得到一个让自己满意的答案；也有一部分学生感到生活的意义渺茫，人的生命渺小而脆弱，生活机械且乏味，开始对生存的意义和生命价值产生怀疑，不同程度地表现出漠视自己和他人的生命。这个活动旨在让学生回忆自己的生命历程，感受过去的人生经历给自己带来的影响，并发现其中所蕴藏的意义。

【活动流程】

1. 课前准备

教师提前布置任务，让学生准备好A4大小的白纸，出生时的照片，近期的照片。

2. 全班参与

（1）将A4纸横过来，中间画一条河流，说明这就是一条我们自己的生命之河。

（2）让学生在河流左端开始的地方贴上自己出生时的照片，在右端贴上自己最近的照片。

（3）回忆自己的生命历程中，曾经发生过哪些重要的事情，在河流的相应位置上标出时间点，画一朵浪花出来，在浪花里简要说明当时发生的事情，并用几个词表示这件事情对自己的意义。

3. 个人展示

运用投影设备将学生的作品投放在屏幕上，并请学生上台分享自己的生命故事。

4. 教师总结

每个人的经历不同，在成长中的感受不同，对生命的理解也就不同，生命是独特的，生命的意义是具体的。

【活动评价】

通过这个活动，学生可以深刻感受到自己过去的人生经历给自己带来的影响，从而思考生命的意义以及付出努力自己去发现和创造，更加明确生命的意义。

（淮安市清河开明中学　王晶晶）

学习主题活动设计——学习无处不在

【活动名称】

学习无处不在。

【所属课程】

七年级上册第二课《学习伴成长》。

【活动类型】

体验类活动。

【参与人员】

全体学生。

【设计意图】

角色扮演游戏是让学生通过扮演角色，运用想象，创造性地反映人物或动物等生活形象的一种游戏，是学生对现实生活一种积极主动的再现活动，是学生依据自己对社会的种种印象对游戏的情节进行地设计和安排，并按照自己的意愿、兴趣和能力来体验游戏的。这个活动是让学生能在游戏中体验生活中不同人物或动物的生活形象，去体会每一个人都在不断学习、丰富实践的过程。能大大促进和培养学生体会不同的学习过程，强化学生的学习认知，使他们努力学习不同的知识，树立终身学习的观念。

【活动流程】

1. 课前准备

教师提前分配任务，将全班同学分成若干个小组，由小组推荐一名角色扮演者，小组其他成员出谋划策，并由老师抽取部分学生为评委，老师负责辅导。

2. 活动过程

活动一：小组展示

（1）人物扮演：小组成员利用道具扮演工人、农民、警察、军人、教师、学生、营业员等人物，并展示其形象和工作状态。每人表演时间控制在30秒左右。

（2）动物扮演：小组成员表演猴子、马、羊、牛等动物的日常活动状态。每人表演时间控制在30秒左右。

活动二：随机抽取展示

（1）在活动体验角色单中随机抽取人物或动物的一张卡片，随机点学生进行现场表演，如表演做饭、削土豆、攀登、觅食等。

（2）最后由评委对两种活动分别打分，总分100分。

3. 最后根据得分情况，分别评比出两种活动的前五名

4. 交流分享

【活动评价】

不同行业不同人物或者不同动物的学习都是一个循序渐进和曲折的过程，

都是需要不断努力和学习的结果。通过这个活动，学生可以进一步认识到自己处于此年龄阶段首要该做的工作就是学习，并知晓学习会伴随着自己一生的成长，树立终身学习的观念，从而让自己的人生更加完美和充实。

（淮安市实验初级中学　朱毅杰　张亮）

学习主题活动设计——寻找学习中的快乐

【活动名称】

生活放大镜——寻找学习中的快乐。

【所属课程】

七年级上册第二课《享受学习》。

【活动类型】

实践类活动。

【参与人员】

全体学生。

【设计意图】

随着中学生活的到来，学习的课程变多、难度加大，很多同学真实地感受到初中生活比小学生活变苦变累了，有些同学已慢慢适应初中生活的变化，而另一部分同学依然无法适应，究其原因是学习辛苦的放大和对学习的片面理解，使这些学生难以体会到学习的快乐。本次活动命名为生活放大镜——寻找学习中的快乐，就是希望同学们能客观的正确的理解学习内容，在学习中找到快乐，真正认识到在通过努力学习取得好成绩时、学会某项新技能时、交到好朋友时等能快速融入新集体、适应新生活，学习是快乐的，学习的快乐无处不在，我们要学会享受学习。

【活动流程】

活动：全班参与

1.小组活动，组内交流学习中有哪些快乐的事，组长做记录，5分钟；

2.班级交流小组活动的成果，10分钟。

【活动评价】

活动方式简单易开展，本次活动中学生参与的积极性非常高，旨在打开学生心灵的窗口，不断放大学习的快乐，使他们体会学习的快乐无处不在：有时是我们讨论出一个题目的过程，有时是我们考试取得好成绩，有时是回答对一个问题，有时是我们学会了某一项技能，甚至是我们认识某样植物等；在找到学习快乐的同时，我们也体会到学习的辛苦，让我们在以后的学习中能真正做到书山有路勤为径，学海无涯乐作舟！

（淮安市浦东实验学校　张英文）

交友主题活动设计——深深浅浅话友谊

【活动名称】

深深浅浅话友谊。

【所属课程】

七年级上册第四课《友谊与成长同行》。

【活动类型】

体验类活动。

【参与人员】

全体学生。

【设计意图】

朋友和友谊是人生永恒的话题。步入初中生活以后，我们会想念以前的小学同学之情，也会迎来新的友谊，友谊的影响很大，可以让我们更深刻地体会到生命的美好。

在友谊中，是朋友什么样的特质赢得了你的青睐？受社会、教育等诸多因素的影响，许多学生在自我意识方面存在一些问题，也有一些误区，如友谊是一成不变的，友谊和竞争是排斥的，友谊即是无原则的支持等。

【活动流程】

1.课前准备

教师提前布置任务，分组，选出评委，负责打分及统计，教师全程指导监督。

2. 活动过程

活动一：全班分5个小组，推举出代表发言

小小演讲比赛："我和最要好的朋友的故事"

（1）演讲前抽签，然后按抽签顺序开始演讲。

（2）评委组7人，根据仪容、普通话、内容、时间等方面打分，去掉一个最高分，再去掉一个最低分，当场报出得分。

（3）在比赛过程中，主持人针对演讲中朋友及友谊的正确和错误的一些内容，结合课本知识进行点评。

活动二：林丹和李宗伟"相亲相爱15年"

（1）播放一段视频。

解说：2016年里约奥运会，在羽毛球男单半决赛中，来自马来西亚的李宗伟和中国的羽毛球名将林丹又相遇了，这是他们的第37次交手，最终李宗伟2：1战胜林丹，晋级决赛。

比赛结束，感人的一幕出现了。两个羽毛球运动员久久拥抱在一起，并交换了球衣。他们是一生的对手，也是一生的朋友，他们互相成就了对方，也衬托出彼此的伟大。这是一场关乎国家尊严的比赛，更是两个心心相惜的老朋友之间的约定，这一次，李宗伟将带着这个约定去完成剩下的决赛。

看完这场球赛，我认为胜负已不重要。我们看到的是两个老朋友15年的坚持。场上他们是拼死拼活的对手，场下是把酒言欢的生死兄弟。他们是这个时代最伟大的运动员。

（2）探究：有竞争就不该有友谊吗？

学生发言（略）。

（3）感悟：第37次林李大战落幕，这是李宗伟在奥运会上第一次击败林丹。林李有一次"君子之约"，在四年前的伦敦，李宗伟和林丹连续第二次在男单决赛中相遇。那时的李宗伟如日中天，正值事业巅峰期，而林丹因赛场之外的东西对他影响太大，竞技状态已经开始下滑。但在伦敦奥运会上，李宗伟最后还是憾负，再次倒在林丹面前，那次失利让李宗伟伤心欲绝。而在伦敦之前的2008年北京奥运会上，李宗伟也被林丹"抢"走了金牌。伦敦失利后，李宗伟萌生退意，而林丹希望他留下来，和他一起再打四年，李宗伟答应了林丹，又坚持了四年，终于改变了"逢丹必败"的命运，在里约奥运会上打败了林丹。

当林丹滑倒在地，李宗伟疯狂庆祝时，大家都默默无语。相反，当看到这两个对手交换球衣、赤裸上身相拥在一起时，大家都在鼓掌。

两位英雄惺惺相惜，这次比赛没有失败者，不论谁输谁赢，所有球迷都为他们鼓掌。

（4）结论：他们是竞争者，但他们有着更崇高的友谊。竞争并不是必然伤害友谊，关键是我们对待竞争的态度。在竞争中能坦然接受并欣赏朋友的成就，做到自我反省和激励，我们会收获很多很多。

【活动评价】

从课前准备到课堂展示，学生是积极参与，全身心投入。在教师的引领和指导下，通过体验交友活动，帮助学生认识到友谊是一种亲密的关系，是平等的、双向的，也是能经受时间和风雨考验的。而竞争并不是必然伤害友谊，在友谊的路上，我们深深浅浅地跋涉着，经受不同的体验，累积着各自的感受。

（淮安市和平初级中学　王建勇）

实践主题活动设计——走近老师

【活动名称】

走近老师。

【所属课程】

七年级上册第六课《走近老师》。

【活动类型】

实践类活动。

【参与人员】

全体学生。

【设计意图】

师生关系是初中生成长过程中需要处理的重要关系之一，对培养学生的人际交往能力和促进其健康成长具有重要意义。而现实生活中，由于老师和学生的角色差异，有的学生不能正确理解老师，甚至有的学生会讨厌老师、讨厌学习，不仅影响到了自身的成长与发展，也影响到了师生关系。学生思想品德的形成与发展，离不开独立思考和积极实践，尊重老师的要求也只有通过学生的独立思考与实践才能为学生真正接受。所以，我们不应该简单地告诉学生要尊敬老师，而是要让他们在实践中体会到应该正确理解老师、尊重老师。活动旨在帮助学生正确认识教师职业，承认并积极接纳不同风格的教师，引导学生理解老师、体谅老师、尊敬老师，进而建立起亦师亦友的和谐师生关系。

【活动流程】

1. 课前准备

教师提前布置任务，对全班进行分组，以抽签形式抽取任务，小组搜集相关资料并制作PPT，教师指导。

任务一：教师资格

任务二：《教师法》

任务三：教师成长的时间成本

任务四：教师的知识结构与能力

2. 活动过程

活动一：了解教师职业

（1）各小组代表发言，借助PPT介绍本组负责的内容，从不同角度解读教师职业。

（2）教师总结。

活动二：我的老师

（1）板书：语、数、外、物、化、政、史、地、生，代表各科目老师。

（2）用几个词语分别形容一下你各科目的老师，并写在各科目下。

3. 全员交流，分享感受

师：比较各科目老师之间风格有何不同？

生：……

师：这些不同对你有什么影响？你如何看待这些不同呢？

生：……

……

【活动评价】

从课前准备到课堂活动，让学生从实践和体验中认识到教师的共性与个性。在老师的引导下，让学生懂得教师职业的严谨性、复杂性、特殊性，在学习生活中能接纳不同风格的老师，树立尊重每一位老师的意识，增强对老师的尊敬之情。

（淮安市清浦开明中学　屈苗）

情感主题活动设计——我心目中理想的家

【活动名称】

我心目中理想的家。

【所属课程】

七年级上册第七课《家的意味》。

【活动类型】

体验类活动。

【参与人员】

全体学生。

【设计意图】

家，是我们常常在不同意义上使用的字眼。家是我们身心的寄居之所，每一个人都有一个属于自己的家，我们的生活和成长都离不开家庭的哺育和支持。它充满了家人之间的情感，这里面有温暖的牵挂、真切的关怀和守候，有时也会有甜蜜的碰撞和不愉快的冲突……家是我们心灵的港湾，它为我们提供了庇护所，让我们的心灵有了依靠。

【活动流程】

1. 课前准备

每人要准备一张32K的白纸，在白纸上画一所心目中理想的房子。学生可以发挥自己丰富的想象力，画农房、多层、小高层、高层、别墅、洋房等，可添加人、植物、动物、树木、河流、风景等。

2. 活动过程

（1）5—6名学生为一组，围坐在一起。《心目中的房子》画作完成以后，可以讲解给组内的学生听，并交流自己的构思。

（2）每一组学生依次将自己的画作在本组交流，并请同学多提宝贵意见。

（3）每一组的画作回到作者手上并加以修改，力图使画作完美。

（4）将每一组的优秀画作挑选出，在全班一起交流，分享感受。

师：为什么你画了这样有创意的一幅画？你的出发点是什么？

生：家是我们身心的寄居之所，每一个人都有一个属于自己的家，我们的生命是父母给予的，我们的成长也离不开家庭的哺育和支持。

师：每天放学或外出回来时，你为什么要急匆匆赶回家？

生：家是我们心灵的港湾。家里有亲人，家中有亲情，父母亲人在等着我们回家。

生：亲情，激励着我们奋斗拼搏，让我们的心灵有所依靠。

……

师：这是你们心目中理想的家吗？

生：是的。除了温馨，还有周围环境要特别好，有小花园、绿色植物、前面还有一条小河流。

生：……

【活动评价】

我们每一位同学的画作都有自己的特色，都发自于自己的内心。通过这个活动，学生进一步体会对家的感悟，对亲情的呼唤。全班对画作的小组讨论、评价，更进一步引起同学们对家产生情感共鸣，懂得家是甜蜜、温暖、轻松的避风港。

（淮安市和平初级中学　王建勇）

第二节　部编教材七（下）

道德主题活动设计——"感动校园十大人物"

【活动名称】

感动校园十大人物。

【所属课程】

七年级下册第三课《青春有格》。

【活动类型】

体验类活动。

【参与人员】

全体学生。

【设计意图】

"大学之道，在明明德，在亲民，在止于至善。"这句话旨在倡导人们多做善事，彰显美德，鼓励人们革除自己身上的旧习，使人达到完美的境界。但在现实生活中，由于社会结构变动、社会观念变化等原因，给传统道德价值和道德行为带来了冲击：谈利益的多了，谈奉献的少了；做好事的被看成"傻子"，救济他人被称为"败家子"，长此以往下去，必将影响社会秩序的安定和社会和谐的实现。所以我们通过评选"感动校园十大人物"，利用榜样的力量，在寻找好榜样、学习好榜样的过程中既引导学生树立正确的价值观，认识到我们每个人都应该有自己的"至善"追求，又让学生付出实际行动，向榜样学习，积少成多，积善成德。

【活动流程】

1. 课前准备

教师提前布置任务，评选范围是全校师生。

2. 评选流程

（1）初评阶段：班级每位学生经过慎重思考，选出自己心中的感动人物，并简要叙述该人物感动自己的事迹。

（2）公示投票阶段：统计被提名的感动人物候选人，全班学生一人一票，无记名投票。

（3）终评阶段：一人读票，一人统计，两人监督，汇总投票结果。根据汇总情况，确定最终的"感动校园十大人物"。

3. 全员交流，分享感受

请同学们谈一谈从这"十大人物的感动事迹"中有何感受和收获，在今后的学习和生活中如何以他们为榜样，对自己的行为进行反思和改进。

……

【活动评价】

在教师的主持和引导下，从课前准备到评选过程，整个活动有序进行，学生们认真准备，积极参与，尽可能地实现了让所有学生参与其中。通过这个活动，学生可以在评选过程中感受提名人员身上所具备的良好品质，同时"见贤思齐焉，见不贤而内自省也"，自我省察，积极调整自己的行为，"止于至善"。

（老子山九年制学校　顾盼盼）

道德主题活动设计——传递情感正能量

【活动名称】
传递情感正能量。
【所属课程】
七年级下册第五课《在品味情感中成长》。
【活动类型】
实践类活动。
【参与人员】
全体学生。
【设计意图】
情感生活是初中生青春成长的重要领域，学生通过现实生活的诸多关系获得基础性情感是学生丰富生命体验、获得道德成长、参与法治建设的重要基石。但是，人的情感不是自然成熟的。道德与法治课程将情感、态度和价值观置于教学目标的第一位，关注学生已有的情感经验和不断成熟的情感需要，激发学生对自身情感状况、情感生活的自我觉察，将社会主义核心价值观的方向性引领与学生基于自身情感发展需求的自我教育相融合。当前社会生活中的确存在着一些负能量的事情，且这些负能量对我们的社会、公民都产生了一定的影响。这个活动旨在帮助学生树立主动、积极的影响，创造、传递情感正能量。

【活动流程】

1. 出示情境

老人跌倒摔伤比较严重，不能站起来，此时路人避之唯恐不及。面对这样的情境我们要不要帮助老人？

2. 组织辩论

面对上面的情境，我们扶不扶？

（1）正方观点：老人跌倒，我们要扶。

从尊老爱幼、乐于助人、扶危济困等中华民族的传统美德等方面来说，也可以从学会换位思考的角度来说明。目的是让学生认识到这个社会需要正能量，我们作为社会的公民有责任去继承中华民族的传统美德，去传递正能量。

（2）反方观点：老人跌倒，不要扶。

从社会生活中的碰瓷、讹诈等不良现象和扶老人可能带来的危害等方面加以说明。

3. 讨论交流

社会需要我们传递正能量，但我们在传递正能量的同时又有可能受到伤害，此时的我们该怎么办？本活动目的是要让学生明白，社会的发展需要更多的人去献爱心，传递正能量，但面对不良的社会环境，我们也要学会自我保护，掌握一些必要的自我保护方法。

4. 交流分享

通过辩论和讨论交流来归纳小结：我们应该如何传递正能量？

（1）在情感体验中，我们并不总是被动地接受外部环境的影响，也可以主动用自己的热情和行动来影响环境。我们要学会改变自己所处的环境，学会关心他人。（即，要有主动影响环境的意识和意愿。）

（2）我们的情感需要表达、回应，需要共鸣。在与他人的情感交流中，我们可以传递美好的情感，传递生命的正能量。（即，积极与人交往，传递情感正能量。）

【活动评价】

活动中使用的情境是社会生活中的一个常见现象，这个现象考验着社会的文明程度，也考验着国民的基本素质，今天的我们正大力弘扬社会主义核心价值观，正努力构建社会主义和谐社会，我们希望通过辩论和讨论交流，让学生明白，社会需要正能量，我们每个人都应该积极地传递正能量，为社会的和谐发展贡献我们的一份力量。

（金湖县外国语学校　华占伟）

道德主题活动设计——班级诗词大会

【活动名称】

班级诗词大会。

【所属课程】

七年级下册第五课《我们的情感世界》。

【活动类型】

体验类活动。

【参与人员】

全体学生。

【设计意图】

人的情感是在一定的情景中产生的，特定的情景可以唤起人相应的情感。人思想品德的形成、发展是一个知、情、意、行等因素相互作用的内在矛盾运动过程，在这个运行链条中，情感及其体验又具有核心的地位和作用。情感是一种巨大的力量，在推动品德认知向品德行为转化的过程中起着桥梁和纽带的作用。正如苏霍姆林斯基所说："情感是道德信念、原则性及精神力量的核心和血肉，没有情感，道德就会变成枯燥无味的空话。"通过创设多种活动情景，为学生创设和优化环境，更重要的是通过师生的共同努力创设一个和谐的学习环境，这些对唤起学生的情感有很大的作用。

【活动流程】

1. 教师介绍最近比较火的《中国诗词大会》节目，此档节目让我们能够接受中华传统文化的教育。

2.《班级诗词大会》开始，老师介绍相关要求，主持人说出上句，其他同学说出下句。

3. 以小组为单位，每小组四人，课前可观看相关视频，积累一些诗词为活动开展做好一些储备，准备好笔和纸，明确分工，选取抢答人。

4. 主持人："先天下之忧而忧"的下一句是什么？它体现了什么样的情感？

学生回答……

5. 主持人说出不同类型情感的诗词，让其他同学抢答，在这个过程中可以选取一些背景音乐，让一些同学来大声诵读古诗，加深体验不同的情感。

【活动评价】

受《中国诗词大会》的影响，很多学生对古诗词有了一定的爱好，古诗词中包含着不同的情感体验，我们借助《班级诗词大会》的形式，让学生在掌握诗词的同时能够有情感体验，避免了空洞说教的枯燥，让学生乐于接受。

（金湖县外国语学校　　沈宽洲）

道德主题活动设计——小组站圈

【活动名称】

小组站圈。

【所属课程】

七年级下册第六课《集体生活邀请我》。

【活动类型】

体验类活动。

【参与人员】

全班学生。

【设计意图】

学校教育的关怀，意味着唤醒，意味着促进，意味着通过学校教育，使学生成长得更好。然而，当前的教学过于注重知识的传授而忽视了对学生精神的引领，自私、孤僻、自我为中心等一系列问题发人深省。针对这一现状，教师要在教学中开展价值引领类活动，引导学生团结合作、关心集体，促进学生的精神成长。

【活动过程】

1. 全班分成四组，每组人数相等，四个圈大小相等。

2. 每组想方设法以最快的速度站到圈里。

3. 全班同学一起参与站圈活动（教师提醒所画的圈比较紧凑，可以建议每组选一个组长，组员简单讨论交流如何以最快的速度全部站到圈里，引领学生通过合作团结取胜。）

4. 交流分享。

师：刚开始每个人也很尽力，为什么没成功？

生：刚开始为了抢时间，大家只顾自己能否站进圈里，以为这样不会拖累大家，结果东倒西歪，浪费了时间，还有人的脚站到了圈外。

师：后来成功了，你有什么感受？

生：大家不齐心协力，就不会有集体的成功。只有在团结的集体中，个人才能享受快乐，才能获得成功。发挥集体的作用，必须学会合作，做到有效指挥，相互配合，相互沟通，真诚合作。

【活动评价】

通过站圈活动让学生感受到"团结就是力量"的道理。同学们在活动中充满热情，体验深刻而丰富，彼此在真诚的合作中懂得了每个人都是集体中的一员，个人离不开集体，集体也离不开个人，众人划桨开大船，我们每个人都应该重视集体的荣誉和团结，并为集体做出自己的贡献。在这一过程中，同学们因合作而成功，因丰富而成长。

（金湖县实验初中　主爱康）

道德主题活动设计——感受集体的温暖

【活动名称】

感受集体的温暖。

【所属课程】

七年级下册第六课《"我"和"我们"》。

【活动类型】

实践类活动。

【参与人员】

全体学生。

【设计意图】

每个人都离不开集体，从幼儿园到小学，从中学到大学，从工作单位到社会团体，我们一直都生活在集体当中。每个人都害怕孤独和寂寞，希望自己归属某一个或多个集体之中，并从中得到温暖，获得帮助和关爱。因此，本活动就是让学生了解集体对个人成长的影响，感受集体的温暖，传递温暖，积极地融入集体。

【活动流程】

活动一：说一说你在集体生活中感受到的温暖

学生交流，谈自己的感受。

学生1：记得小学六年级时，我生病了，几天没有去上课，同桌给我打来电话问候，学习委员还到我家给我补落下的功课；

学生2：记得有一次，中学放学的时候，突然下起了雨，我刚好没有带雨伞，班级的一位同学主动撑伞先送我回家，自己再回家。

学生3：……

让学生说出曾经在集体（家庭、学校、班级等）中获得的帮助和关爱。体会集体带给自己的温暖，彼此传递关爱和温暖。

活动二：说一说集体获得的最让你觉得自豪的荣誉，分享获得这份荣誉时你的付出和感受

学生交流，谈自己的付出和感受。

学生1：我六年级时，班级每次都被评为文明班级，我感到很自豪、骄傲。

学生2：我是一名住校生，我的宿舍每个月都被评为文明宿舍，我感到很开心，很自豪。

学生3：六年级时我们班参加学校的运动会获得团体总分第一名的好成绩，这是我们班的骄傲。

学生4：……

活动三：交流分享：这两个活动后的感受

教师：个人与集体是相互依存、相互作用的，只有在团结的集体中，我们才能享受与同伴相处的快乐；才能在共同努力下获得成功，才能茁壮成长、焕发生机。当然，集体的发展也离不开每个成员的努力。

【活动评价】

课堂的交流展示中，学生参与的积极性非常高涨。在教师的引导和主持下，活动顺利有序地进行，其目的是让学生体会到集体给个人带来的温暖和力量，并激励我们不断前进。在整个活动中，学生主人翁的意识和集体的大局意识得到增强，同时个人的语言表达能力也得到了提高。

（淮安市洪泽外国语中学　王伟）

道德主题活动设计——我和集体

【活动名称】

我和集体。

【所属课程】

七年级下册第六课《集体生活成就我》。

【活动类型】

体验类活动。

【参与人员】

全体学生。

【设计意图】

这个活动旨在通过小组活动提高学生的学习兴趣，明白在集体生活中可以提升自己并鼓励学生积极参与集体活动，努力探寻未知的自己，从而完善自我。

【活动流程】

要求：6名同学为一组，围坐一圈，实行加分制，最高分组可获得奖励。

1.闭上眼睛，听老师说，你来答，比一比哪组说的多。

你生活过的集体有哪些？

哪一个最让你留念？为什么？

学生讨论，并派小组代表发言。

到目前为止我们班组织过哪些集体活动？

2.在这些集体活动中你遇到过哪些困难？你又是怎样克服困难的呢？

3.在克服困难中你收获了些什么？

4.全员交流，分享感受。

【活动评价】

通过以小组竞赛的方式，说说生活过的集体，让学生有话可说，调动学生的积极性，同时通过结合学生身边的故事，让学生展开讨论，提高孩子的学习兴趣和能力，最终通过活动让同学们知道集体生活可以培养我们负责的态度，提高我们人际交往的能力。

（淮安市洪泽外国语中学　陈方）

道德主题活动设计——"我"该不该参加跑操比赛

【活动名称】

"我"该不该参加跑操比赛。

【所属课程】

七年级下册第七课《单音与和声》。

【活动类型】

体验类活动。

【参与人员】

全体学生。

【设计意图】

在集体生活中，"我"和"你"可能有着不同的诉求，我们的小群体和集体的具体利益也可能不尽相同，有时难免发生碰撞，产生矛盾或冲突。本活动设计，旨在让学生通过活动，认识到个人意愿要符合集体规则，坚持集体主义原则；同时也让学生认识到，坚持集体主义，同时也要保护个人的正当利益；在集体生活中，学会正确处理好集体和个人的关系。

【活动过程】

1. 老师根据学校第三十二届体育运动会中跑操的比赛要求和一些班级的实际情况编写情景剧；班级：八（1）。

主要人物：班长小明、体育委员王超、其他班委会成员四人、学生小周（跑步姿势不正确，经常偷懒不参加跑操，也有点自卑心理）、班级其他学生。

具体情境：校运动会跑操比赛要求学生步伐整齐一致，否则扣分；体育委员不想让小周参加；小周想参加，但考虑到班级荣誉和自己的情况，很犹豫，心中很矛盾；其他同学对小周要不要参加本次比赛活动的意见也不统一。

2. 全班以小组为单位，设计具体情节进行表演；

3. 学生交流：请扮演学生小周和体育委员的同学谈体会；

4. 班级辩论赛：小周该不该参加跑操比赛；

5. 师生交流：小周应该参加本次活动的理由；

6. 师生形成共识：

（1）小周是班级的一员，应该参加；

（2）我为班级争光彩。

如果我是小周，我应该怎么办？（积极参加平时的跑操训练，请同学帮助，私下多做训练，尽力做好自己，以班级荣誉为重，为班级争光）

我们该如何帮助小周？（不嫌弃小周，积极督促和帮助小周训练）

【活动评价】

通过本次活动让学生懂得"个人利益和集体利益在本质是一致的"的道理。当个人利益和集体利益发生冲突时，应把集体利益放在个人利益之上，坚持集体主义，同时也要努力找到解决冲突的平衡点。同学们在活动中充满热情，体验深刻而丰富，彼此在真诚的表演和辩论中懂得了每个人都是集体中的一员，"和声"离不开"单音"，"单音"在"和声"中吹奏会更动听，众人拾柴火焰高，我们每个人都应该重视集体的荣誉和互相团结，并为集体做出自己的贡献。

（金湖县实验初中　罗广来）

道德主题活动设计——节奏与旋律

【活动名称】

节奏与旋律。

【所属课程】

七年级下册第七课《共奏和谐乐章》。

【活动类型】

探究类活动。

【参与人员】

全体学生。

【设计意图】

通过活动让学生知道每个人都有自己的生活节奏，当自己的节奏与集体的旋律和谐时，我们就可以顺利地融入集体；当自己的节奏与集体的旋律存在差异时，为了保持旋律的和谐，我们需要调整自己的节奏。当我们面对不同集体中的角色无法统一节奏时，角色之间的冲突就可能给我们带来烦恼。当面到班级、学校等不同集体之间的矛盾时，我们应从整体利益出发，自觉地让局部利益服从整体利益，个人利益服从集体利益。在不断调整自己的节奏中学习，过"统一"的生活，在解决不同集体的角色冲突中学会集体生活，让自己更好地融入集体，感受集体生活带给我们成长的快乐。

【活动流程】

活动一：我在多个集体中

分组讨论探究，在情境中了解除班集体外还有哪些集体，结合课本案例，分析自己是否维护了班集体的荣誉。

活动二：角色与责任

说一说，每个人有哪些角色和责任，结合课本情境，如果你遇到类似的情况，会怎么处理。

活动三：集体中的小群体

说一说，你所在的集体中有没有小群体，你所在的小群体是怎样形成的，你有怎样的变化。

活动四：个人与集体

说说你在集体生活中遇到个人利益与集体利益冲突的情形时，你会怎样想，又会怎么做。

活动五：分组交流展示

【活动评价】

每个人都有自己的生活节奏，当自己的节奏与集体的旋律和谐时，我们就可以顺利地融入集体；当自己的节奏与集体的旋律存在差异时，为了保持旋律的和谐，我们需要调整自己的节奏。当我们面对不同集体中的角色无法统一节奏时，角色之间的冲突就可能给我们带来烦恼。通过这个活动，学生可以进一步认识到当面对班级、学校等不同集体之间的矛盾时，我们应从整体利益出发，自觉地让局部利益服从整体利益，个人利益服从集体利益。

（淮安市洪泽朱坝中学　杜秀兰）

道德主题活动设计——和谐个体与和谐班级

【活动名称】

和谐个体与和谐班级。

【所属课程】

七年级下册第七课《节奏与旋律》。

【活动类型】

体验类活动。

【参与人员】

全体学生。

【设计意图】

七年级学生大多来自不同的学校，其中部分学生尚未形成集体观念，还没有以主人公的姿态对待班集体，同学之间也没有形成相互理解和支持，因此要把集体主义教育放在首要位置上。本次主题班会将开展一系列活动，通过活动让学生有所感悟，让他们在活动中体会到每个人都有自己的生活节奏，只有当自己的节奏与集体的旋律和谐时，才可以顺利地融入集体，个人利益与集体利益息息相关，"团结就是力量"，每个人都应促进集体的团结，自觉维护集体的荣誉。

【活动准备】

1.将全班分成三个小组。

第一小组负责搜集与和谐相关的图片、资料。

第二小组负责搜集生活中同学们的言行，改编成节目。

第三小组创作和谐班级倡议书，准备签字、起誓活动等，让同学们知道"班集体建设人人有责"——积极维护和谐，争当主人翁。

2.准备歌曲《明天会更好》。

3.准备小品情景剧《争执》。

4.准备诗朗诵《希望》，并配乐。

【活动过程】

1.主持人宣布班会主题。

2.活动流程：

（1）心动不如行动《妙手生花》。

（2）情景剧《争执》。

（3）竞赛——文明礼仪知识抢答。

（4）诗朗诵《希望》。

（5）请全班同学演唱《明天会更好》。

3. 班主任对本次活动进行总结。

【活动评价】

和为贵，谐为美！但在校园里，我们时常会在同学们身上看到一些不和谐的现象，希望通过《和谐个体与和谐班级》这样的主题活动，让同学们能在不断调整自己的节奏中学习过集体生活，在解决不同集体的角色冲突中学习过集体生活，让自己更好地融入集体。

面对《和谐个体与和谐班级》这个主题，很多同学也有话想说，因为大家都深刻感悟到我们的生活多么需要和谐的音符。于是同学们积极踊跃地加入到主持人、情景剧、讲故事、演唱、演讲等角色中。从同学们的这种表现我们可以发现其实和谐就在你我身边。

（金湖县实验初中　林尔琴）

道德主题活动设计——我与集体共成长

【活动名称】

我与集体共成长。

【所属课程】

七年级下册第八课《憧憬美好集体》。

【活动类型】

体验类活动。

【参与人员】

全体学生。

【设计意图】

思品课程标准在其《二、分类目标（一）情感、态度、价值观》中对集体的表述是"热爱集体，敢于竞争，善于合作，有奉献精神。"其内容标准中的表述是："正确认识个人与集体的关系，主动参与班级和学校活动，并发挥积极作用，有团队意识和集体荣誉感，领会学校生活的幸福，体会团结的力量。"由于受家庭、社会、教育诸多因素影响，尤其是独生子女家庭占社会家庭绝大多数的今天，许多学生在面对集体和个人关系方面、社会责任感方面等存在不少问题。一些学生以自我为中心，自私、偏激、耐挫能力差，不能很好地融入集体，服务集体，不能在集体中汲取成长的养分。通过这个活动旨在强化学生对集体在个人成长中作用的认识，正确理解个人和集体的关系，明确自己在集体中的责任，从而促进其健康成长。

【活动流程】

1. 课前准备。

百度集体的含义。了解身边有哪些集体（提示：家庭、学校、社团、政府、企业），自己生活在哪些集体中（提示：家庭、学校、社团）。

2. 知识储备。

"集体，是一种组织形式团体，具有一定的活动范围，共同的经济基础、思想基础、政治目的和社会利益。分社会性质团体和国家机构性质的团体。"

3.6名同学为一组，围坐一圈，选出组长、中心发言人、书记员。

4. 按组交流展示"课前准备"的内容。

5. 讨论：家庭、学校、社团对你成长的帮助，举例说明。

6. 全员交流，分享感受。

7. 以"班集体"为单位，谈谈我心目中的班集体，形成文字，交流展示。

8. 建立"活动卡片，"写下你对老师、同学的期待；写下你最喜欢的老师、同学，并说明喜欢的理由。

9. 己所不欲，勿施于人，将心比心，推己及人，你认为你在家庭、班集体中的角色和担当应该是什么？（任选一个集体讨论交流）

【活动评价】

活动前，一定有很多人对集体缺乏正确的认识，对身边有哪些集体也缺乏了解。通过活动，让学生了解相关知识，认识这些集体对自己成长的作用和帮助，明白集体需要大家共同去建设，在明确自己对集体责任的基础上，积极承担自己对集体的责任，从而顺利地融入集体，积极地服务于集体，在集体中健康成长。

（淮安市洪泽实验中学　陈德久）

道德主题活动设计——盲人与哑巴

【活动名称】

盲人与哑巴。

【所属课程】

七年级下册第八课《美好集体有我在》。

【活动类型】

实践类活动。

【参与人员】

全体学生。

【设计意图】

我们每个人都在集体中成长，都是集体中的一员，集体在我们的成长过程中起了极其重要的作用。七年级学生大多数的时间都是在学校和班级中度过的，班集体是学生共同的生活环境，学生在这个环境中体验人与人的交往，并逐渐形成自己的个性。而班集体是学生发展最重要的环境之一，良好的班集体与同学间互帮互助的团结氛围有利于学生健康成长。良好的班集体必须由所有同学共同建设、维护，在这一过程中，我们应该明确自己的责任并积极为集体贡献力量。由于受家庭、社会、教育等诸多因素的影响，许多学生在团队合作方面存在不少问题，如以自我为中心、缺乏正确的合作意识等。该活动旨在强化学生合作竞争意识，促进学生正确与他人合作，尊重、接纳他人，从而为美好集体的创建贡献自己的力量。

【活动流程】

1. 参与游戏的同学两两分为一组，分组由随机抽签决定，保证绝对的随机分配，更好地考验和培养团队协作。

2. 每组同学一人戴上眼罩充当"盲人"，另一人充当"哑巴"。

3. 每组同学共同配合完成一段障碍路段（障碍路段设置以不伤害学生安全为前提），中途"盲人"不得取下眼罩，"哑巴"不得发出提示音，每组所有同学通过才为成功。

若在其他组同学未完成情况下，完成组同学有说话等违规情况出现，则全组返回起点重新开始，直至所有人完成为止。

4. 计时结束，耗时最少的组获得最终胜利。

5. 交流分享。

6. 师：要顺利完成这个游戏，成员之间最重要的品质是什么？

生：……

7. 师：通过这个游戏给我们什么启示？

生：……

【活动评价】

美好集体需要大家共同创造。通过这个活动，学生可以进一步认识团队协作在集体创建中的作用。美好的集体是充满活力的，集体成员之间和而不同、相互激励和竞争是集体发展的动力，也是集体活动的重要表现。在集体活动中，竞争是以承认、尊重为前提的，集体成员之间应交流互鉴，合作学习，共同提高。

（淮安市洪泽岔河九年制学校　马文艳）

道德主题活动设计——美好集体，助我成长

【活动名称】

美好集体，助我成长。

【所属课程】

七年级下册第八课《憧憬美好集体》。

【活动类型】

体验类活动。

【参与人员】

全体学生。

【设计意图】

通过活动使学生掌握美好集体的四个基本特征，并认识到一个美好的班集体对我们成长的重要意义；引导学生主动融入、关爱、服务班集体，能正确处理班集体中不同的意见、竞争与合作，正确处理集体中的人际关系；培养学生的团队意识，提高学生的集体生活能力。

【活动准备】

1.选好主持人,把班级学生分成四个小组。

2.以小组为单位描绘出你心目中的美好班集体。

3.每个小组准备一个小品表演,分别展示美好集体的四个特征:民主公正、关怀友爱、善于合作、充满活力。

【活动过程】

1.主持人宣布活动开始。

2.播放视频《雁阵飞行》,感受集体力量,激发学生兴趣。

3.描绘我心中美好的班集体(分小组交流)。

4.四个小组分别表演小品并说出对应美好集体的特征。

5.探究与分享:你认为一个美好的集体对我们的成长有什么作用?

6.老师总结性发言。

7.诗朗诵《我是大海中的一滴小水珠》。

8.主持人宣布活动结束。

【活动评价】

通过本次活动,使学生了解了美好集体的特征,美好集体能促进自己的健康成长,是不可或缺的精神家园。同时,启发学生思考怎样建设一个良好班集体——离不开你、我、他!我们要主动为班级做贡献、添光彩,使自己成为集体中有力量、起作用和不可或缺的主人,为下一课的学习也作了有效铺垫。不足之处:课前未对学生的小品表演进行有效指导,表演不够简洁、到位;四个小组都表演小品,形式过于单调,应鼓励学生用多种形式展示美好集体的特征。

(金湖县实验初中　殷春秀)

道德主题活动设计——我与集体共成长

【活动名称】

我与集体共成长。

【所属课程】

七年级下册第八课《我与集体共成长》。

【活动类型】

体验类活动。

【参与人员】

全体学生。

【设计意图】

本框设计的目的是使学生在共同憧憬和建设美好集体的过程中，感受个人对集体发展的作用，以及集体发展对个人完善的作用。为了创设美好集体，在集体中发展自我，就需要学生们积极参加集体活动，遵守集体的行为规范，明确自己应所承担的义务，并最终上升为一种自觉的行为。这一点对学生日后立足于社会、获得事业成功与家庭幸福至关重要。

【活动流程】

1.课前准备

教师提前布置任务，对全班进行分组，选出若干评委，负责每组秩序维持和各组成绩评判，老师负责督导。

2.活动过程

活动一：全班参与

设计班徽，并说说班徽所蕴含的寓意。每人在白纸上设计班徽，可以充分发挥学生的想象力，使其用不同形式的图画来设计自己理想的班徽。

活动二：展示自我

（1）5—6名同学为一组，围坐一圈。每一位同学将自己设计的班徽讲给别人听，并回答别人的疑问。

（2）大家依次将自己设计的班徽传递给右侧的同学，每一位同学在别人的设计上添加一些内容，可以是画也可以留言。

（3）当每个人的班徽绕了一圈又回到自己手中的时候，请大家认真阅读班徽上添加的内容，并询问小组同学其中的含义。

活动三：全员交流，分享感受

在集体建设的过程中，你为集体做了些什么？你觉得自己做得怎么样？

【活动评价】

从课前的准备到课堂的展示，学生参与的积极性非常高涨。在教师的引导和主持下，让学生了解我与集体的关系，感受学校的幸福生活，体会团结的力量，让我们一起为集体做出贡献，让我们的班集体越来越好。

（淮安市洪泽实验中学　徐锦红）

道德主题活动设计——猜猜他（她）是"谁"

【活动名称】

猜猜他（她）是"谁"。

【所属课程】

七年级下册第八课《我与集体共成长》。

【活动类型】

体验类活动。

【参与人】

全体学生。

【设计意图】

通过活动，让学生体会到班级一年来的变化，认识到班级的良好氛围，离不开同学们的努力；同时也让学生发现其他同学的优点，学会欣赏他人，让我们的同学认识到自己在集体中的责任，意识到要在集体中尽责，自己的健康成长离不开其他同学的帮助，也离不开集体的发展。

【活动准备】

1. 课前把班级分成四个小组，让同学们分头准备材料，选好主持人；

2. 班主任把班级获得的一些荣誉和任课老师对学生、家长对孩子一年来的变化做一个微视频《我们的家》；

3. 每个同学对自己的同桌做一些评价（特别是在班集体中所承担的责任情况），要寻找到三个以上的优点，制成卡片，交给主持人；老师把这些卡片进行编号；

4. 制订规则：四个组完成答题和抢答题，猜对一个学生姓名，加2分，猜错扣2分；最后计算总得分。

【活动过程】

1. 主持人宣布活动开始。

2. 播放微视频《我们的家》。

3. 让学生思考：我们班级取得变化的原因。

4. 分组比赛：猜猜他（她）是"谁"（先分组完成规定的，然后抢答）。

5. 猜对后，请被猜中的同学，谈谈自己在班级中承担的责任（如班干、组长、卫生值日等），让学生们认识到在集体中人人都要尽责，只有尽心尽责，才能达成"我与集体共成长"的目的。

6. 主持人宣布比赛结果。

7. 班主任对本次活动进行总结。

8. 同学们一起演唱歌曲《隐形的翅膀》，在歌声中结束本次活动。

【活动评价】

本次活动，让学生在正确评价自己、学会欣赏他人的同时，意识到个人是班集体中的一员，个人的健康成长离不开良好的班集体；只有每个集体成员积极参与集体生活，成为集体的主人翁，为集体尽心尽责，集体才能更好地发展，让学生认识到"我与集体共成长"的道理。本次活动，学生积极参与，有的同学还对照自己，既对自己的优点进行了一些总结，又对自己在班级中存在的不足做了自我批评，使教育教学收到了较好的效果。

（金湖县实验初中　罗广来）

心理主题活动设计——青春美丽痘

【活动名称】

青春美丽痘。

【所属课程】

七年级下册第一课《悄悄变化的我》。

【活动类型】

体验类活动。

【参与人员】

全体学生。

【设计意图】

羞答答的玫瑰静悄悄地开，在初中阶段，学生们陆续地进入身体发育的第二个高峰期——青春期。在这一时期，学生的身体发育加速，生理变化的同时也产生一些心理的矛盾和困惑，克服青春期的烦恼，是学生顺利度过青春期的关键。所以本次活动设计"成长影集"和"化名寄信"两个环节，遵循生理到心理的逻辑，从生理变化入手，学会悦纳自己的生理变化，引导学生发现自己的心理烦恼，并在本班同龄人的集体会诊中寻求帮助，学会解决内心的烦恼，增强自信，以乐观的心态迎接青春期的生理、心理变化。

【活动流程】

1. 课前准备

学生课前准备：到图书馆借阅有关青春期生理卫生常识的资料；准备自己1岁左右、3岁左右、6岁左右、近期照片各一张，并将前三张按顺序放在同一页影集中，近期照片另放。

教师课前准备：将全班同学，按男女生分成两大组，再分成4人一小组。将班级座位安排为马蹄形（"U"）；提前复印"化名寄信"环节的格式信。

2. 整理"成长影集"

（1）教师：请男生组和女生组组间交换所有组员的照片，不要把同一位同学的照片放在同一页影集里，整理影集的工作由不同组的同学来完成。（学生小组代表交换照片）拿到照片的同学，四人商量整理影集，方法：同一位同学1岁左右、3岁左右、6岁左右的照片已经放在同一页影集中，要求四人小组将散乱的近期照片放在对应页上，仔细观察，千万不要放错了位置啊！现在开始……

（2）播放《青春纪念册》作为背景音乐。

（3）学生在轻松欢快的气氛中进行活动。整理影集结束，交由原组同学检查有没有出错。

（4）教师：刚才的活动，同学们都非常细致认真地整理影集，生怕童年的"他"变成了少年的"你"，但是由结果来看，还是不免出错。老师想采访一下这些同学，当时是什么原因出错了？

（5）学生回答，教师总结：经过采访调查，老师知道了主要的原因是进入青春期的我们已经和小时候的自己在身体外形上发生了很大的变化。请同学们读课本P3的相关链接，观察"人的生长发育曲线图"，说说你发现了什么？

（6）学生回答，通过读图我发现了人在生长发育过程中有两个"生长高峰"，青春期是第二个。

（7）教师：进入青春期，青少年主要会发生哪些生理变化呢？小组同学进行讨论。请一位同学做记录，将讨论的结果交给老师，可以不署名。

（8）学生讨论，教师静候。学生讨论结束后将讨论结果交给老师。

（9）教师点评。

（10）教师进行青春期生理变化的补充讲解。

3. "化名寄信"青春烦恼大会串

（1）教师：进入青春期后，很多同学都有着一些这样或那样的烦恼，但由于各种各样的原因，又不愿意向他人提起。老师想了一个既能保护同学个人隐私又能解决心理苦恼的方法。请同学们以"化名寄信"的方式将自己的烦恼写下来，大家共同讨论，寻找解决的方法。

发放格式信。该活动分为三部分内容，如下：

① 填写"寄给同龄人的信"。

亲爱的同龄人：

你好！我大概是进入青春期了，我目前感到最烦恼的事是＿＿＿＿＿＿＿＿

＿＿＿＿＿＿＿＿＿＿＿＿＿＿，因为＿＿＿＿＿＿＿＿＿＿＿＿＿＿。你能帮助我吗？

一个烦恼的少年：（化名）

年　　月　　日

② 将"寄给同龄人的信"分发给班级其他同学。

③ 请阅读来自同龄人的信，然后在小组内交流、讨论，填写"烦恼会诊结果"。

（2）活动结束，教师引导、点拨。抽取大家共有的烦恼3—5个，让学生在不透露他（她）真实信息的前提下，说说你给出的点子。

（3）教师概括、指导：①青春期的烦恼是成长过程中的正常心理现象。②学会求助。③增强自我调节的方法。

【活动评价】

这样的活动自然真实。学生的情感真挚饱满，行为主动热烈，体验深刻丰富，他们在合作探究中，体验了自己的生理变化，探究了克服青春期烦恼的自我调节方法，扩展了知识技能，提升了生活经验，促进了身心健康发展。

（金湖枫叶国际学校　邵玉云）

心理主题活动设计——看见成长中的自己

【活动名称】

看见成长中的自己。

【所属课程】

七年级下册第一课《悄悄变化的我》。

【活动类型】

体验类活动。

【参与人员】

全体学生。

【设计意图】

进入初中以来，学生在身体外形、心理和精神方面都发生了很大的变化。这些变化都源自身体的发育。青春期的学生会在生理、情感、思维、人际关系、社会化等方面向成人靠拢，也会遇到许多矛盾和困惑。所以，通过活动让学生看到自己的成长与变化，引导学生以积极的态度应对青春期的身体、心理变化带来的困惑，用逐渐成熟的思维方式独立地、批判地思考问题，开启勇于创造的青春生活。

【活动流程】

1. 每人在白纸上画两幅自画像。一幅是小时候的自己，一幅是现在的自己。可以充分发挥想象力，用任何形式的图画来表达，如人、植物、动物、风景、物体等。

2. 写下自己画作的理由，为什么用它们来表达小时候的自己与现在的自己？现在的自己与小时候的自己有什么不同？

3. 大家依次将自己的画作传递给右侧的同学，每一位同学在别人现在的自己这幅画旁添加一些自己对作画者的了解与认识，可以是画也可以留言。

4. 当每个人的画绕了一圈又回到自己手中的时候，请大家认真阅读画上添加的内容，并询问小组同学其中的含义。

5. 全员交流，分享感受。

师：现在的自己与小时候的自己一样吗，哪里有变化呢？

生：……

师：我们的成长变化，总结一下表现在哪些方面，对于这些变化你们怎么看呢，又该如何去应对呢？

生：……

师：读了大家添加的内容之后，你的感受是什么？你得到了哪些启示或收获？

生：……

【活动评价】

通过这个活动，学生可以进一步认识自己的过去与现在，并知道现在自己所感受到的生理与心理的变化，其实是成长的表现，而且每个人都在变化与成长。看到自己的变化与成长，要坦然接纳它，并学会正确地看待它。同时增加同学间的了解，增进感情，在遇到类似的成长烦恼时能相互倾诉，互帮互助，促进共同健康成长。

（淮安市洪泽实验中学　李翠梅）

心理主题活动设计——创新设计擂台赛

【活动名称】

创新设计擂台赛。

【所属课程】

七年级下册第一课《成长的不仅仅是身体》。

【活动类型】

实践类活动。

【参与人员】

全体学生。

【设计意图】

培养学生的科学精神和创新实践能力是提高当代中学生核心素养的客观要

求，是培养学生能够适应终身发展和社会发展需要的必备品质和关键能力的重要体现，而在学校的教育教学中，其过于重视知识的教育，忽视学生创新型思维和实践能力的培养，使得学生潜意识中认为创新是高不可攀的，因此，设计该活动希望学生认识到学习生活中到处有创新，从而培养他们的创造力、想象力和实践能力。

【活动流程】

1. 课前准备

教师对学生进行分组，准备回形针，学生准备纸、水彩笔、油画笔等，推选出评委。

2. 活动过程

活动一：奇思妙想——回形针的用途

（1）每组分发回形针，小组讨论，记录回形针的使用技巧，多者胜。

（2）小组代表展示，回形针有多少种用途，并对部分用途现场说明或演示。

活动二：书包设计赛

（1）师：书包，同学们每天都在使用它，它的优点可真多，但同学们在使用时有没有发现不方便的地方？或你有没有更好的设想，请同学们当一回小设计师，设计一个新型书包，要求科学、美观、方便、实用。

（2）学生小组讨论，动手设计，勾画出蓝图。（配放轻音乐）

（3）学生交流展示，要求说出设计的书包最大的特点是什么？有什么新用途，或新改进。

3. 评选出一等奖、二等奖

4. 交流分享

请学生代表分享提高创新精神的经验或方法。

【活动评价】

生活中的创新无处不在，时代在呼唤创新型人才，在教师的组织引导下，学生的思维被激活，体验到了创新的艰辛和乐趣，增强了自信心，培养了合作探究，勤于动手的良好学习习惯。

（金湖县枫叶国际学校　范章高）

心理主题活动设计——班级名片诞生记

【活动名称】

班级名片诞生记。

【所属课程】

七年级下册第一课《成长的不仅仅是身体》。

【活动类型】

体验类活动。

【参与人员】

全体学生。

【设计意图】

进入青春期的初中生，受社会、家庭等方面的影响，价值选项更迷惘。教材通过激发想象力的导入活动，让学生畅想青春，体验思维的创造性和多样性，体会青春期成长的另一主题——思维的成长。引导学生以积极的态度应对青春期的身体、心理变化带来的困惑，用逐渐成熟的思维方式独立地、批判地思考问题，开启勇于创造的青春生活。

【活动流程】

情境展示：为展示班级特色，学校要求各班级制作班级名片，其中一项需要将集体照挂在班级门口。请以小组为单位，合作完成以下内容：

1.写出各组的设计方案。

2.展示各组成果，为自己组的设计拉票。

3.各组展示结束后，全体成员按步骤写出自己的选择，先在组内呈现自己的选择并陈述理由。

4.组内讨论，最终达成一致。

回忆并记录：

1.最没有争议的是哪几个小组的设计？为什么？

2.意见分歧最大的有哪些？为什么？

3.小组内部能否达成统一意见？如果能，是如何达成最后统一的？如果不能，原因是什么？

【活动评价】

通过班级名片设计培养学生的创造潜力。组内成员先自己作出判断然后与组员交流，培养其独立思维。回忆怎样使组员意见一致的过程，是让学生认识思维活跃需要独立但不能独断。回忆与组员意见不能统一的原因，是让学生认识批判性思维的存在。

（淮安市洪泽实验中学　王昭培）

心理主题活动设计——男生女生

【活动名称】

男生女生。

【所属课程】

七年级下册第二课《男生女生》。

【活动类型】

实践类活动。

【参与人员】

全体学生。

【设计意图】

利用现代教学技术与语言描述创设情景，通过参与讨论、争论、辩论，使学生学会理解、欣赏异性特有的思维方式和行为特征。让学生充当活动的主客体，充分发挥学生的学习自主性，倡导自主探究、自主交流，面对男女生交往中的困惑，使其获得感性认识和理性认识。

【活动流程】

1. 课前准备

教师要求班级中的男女同学每人准备一张自己的自画像，在这张自画像上写上自己的性格特征、兴趣爱好、思维方式等，再在一旁附上自己最爱的一个玩具。

2. 活动过程

活动一：全班参与

（1）随机抽取班级中五名男生和五名女生的自画像，让班级中剩下的同学猜猜自画像的小主人是谁。

（2）根据他们手中不同的玩具说一说为什么这几位同学有的喜欢毛绒玩具，有的却喜欢汽车模型。这位同学具备什么样的特征？你具不具备？

（3）男女生各自讨论异性具有哪些优势，代表发言。

活动二：请你分配

为了做老师得力的小助手，班级中的同学要完成以下任务：搬运书本资料、分发课本资料、擦玻璃、扫地、拖地、打扫卫生区的落叶、帮助老师收取平时的费用。

男女生各自为对方分配任务，这样安排的理由是什么？

3. 交流分享

请男女生各自安排两位同学充当小记者，采访其他异性同学，交流讨论你认为男生女生在生理方面、心理方面存在的差异，我们应如何对待这样的差异，对方又有什么优点值得你去学习。

【活动评价】

从课前的准备到课堂的展示再到交流讨论，学生参与的积极性非常高，在教师的引导下尽量让更多的学生切实参与课堂、展示自我。通过这节课的活动展示，让同学们感受男女生的和谐相处会给对方带来乐趣，欣赏异性特有的思维方式和行为特征，能够从性别差异的角度认识、化解矛盾，学会与异性和谐相处。

（金湖枫叶国际学校　郭玉）

心理主题活动设计——男生女生向前冲

【活动名称】

男生女生向前冲。

【所属课程】

七年级下册第二课《青春萌动》。

【活动类型】

体验类活动。

【参与人员】

全体学生。

【设计意图】

用时5分钟，通过体验式游戏，把生活中的他和她，用学生喜闻乐见的方式，呈现在他们面前，从而激起学生的兴趣，引起共鸣。通过学生的观察和探讨，让学生对男女交往中所萌动的青春情感进行理性的探讨和思考，引导学生把握好自己的角色定位，树立健康向上的青春形象，帮助他们健康地走进青春年华。

【活动流程】

1. 在班内随机选取4位男生和2位女生上台，分成两组参加比赛。

活动内容：

（1）自由组队参加合力抬人竞速比赛（每队必须有一名女生）；

（2）两名同学手拉手，一名同学必须脚脱离地面参加竞速比赛。

2. 体验完成后，小组选择研讨话题再讨论。

（1）在台上同学们拉手时有什么行为表现？

（2）为什么男生和男生首先拉手？

图4-2-1　比赛留影

（3）为什么男生都主动让女生坐在上面？

（4）为什么大家会产生一些羞涩的情绪？

（5）这样的情绪正常吗？原因是什么？

3. 全班同学交流分享。

4. 教师总结：年幼时，男女同学之间的交往非常自然。但随着年龄的增长，进入了青春期，在男女生交往中会出现一些敏感问题。我们通过亲身体验、感悟青春男女性别意识的增强，对待男女同学的方式也在发生变化，进一步感悟青春萌动已经在我们的思想、行为中有所展现，但还是希望这份友谊能够成为我们青春美好的见证。

【活动评价】

在内容设计上，从异性交往到异性朋友，在此基础上我们进一步探讨青春阶段萌发的朦胧情感。通过体验式游戏，把生活中的他和她，用学生喜闻乐见的方式，呈现在他们面前，激起学生的兴趣，引起共鸣。使学生在与教师的互动中学习达到我们的教学目的，其总的思路便是"情景再现——体会思考——渗透掌握"。通过学生亲身体验感悟青春男女性别意识的增强，对待男女同学方式也在发生变化，进一步感悟青春已经在"我"的思想行为中展现。引导学生把握好自己的角色定位，树立健康向上的青春形象。

（金湖县外国语学校　张华强）

心理主题活动设计——正确对待男女生交往

【活动名称】

正确对待男女生交往。

【所属课程】

七年级下册第二课《青春萌动》。

【活动类型】

体验类活动。

【参与人员】

全体学生。

【设计意图】

从初中一年级开始，男女同学的心理慢慢发生了变化，男女同学关系也逐渐变得微妙，他们的交往需求增强了，使得许多学生渴求同龄人之间、尤其是异性之间的交往。在一些男生和女生的心目中，甚至会出现自己所喜欢和爱慕的异性朋友。家长和老师，有相当一些人不了解学生这一时期的特点，对学生异性之间的交往不能科学地看待，往往视之为早恋，加以干涉，反而更激起了学生的反叛性格。学生也因生理和心理发展的必然特点，在与异性交往时有些懵懂。通过活动，使同学们对异性间交往有一个正确的认识，树立起健康的观念，形成正确的态度；对交友（尤其是异性之间）有一个健康的心态；把握好异性间交往的"度"，了解异性交往的基本原则以及注意事项。

【活动流程】

1. 活动准备

（1）材料：幻灯片、投票箱、小纸条。

（2）资料：收集小故事。

（3）设备：投影仪。

活动形式：听故事、谈论、做游戏等。

2. 活动过程

（1）活动导入。班长讲故事：有一个虔诚的基督教徒一心想把儿子培养成像他一样的人——专心信仰上帝，没有任何其他的杂念。于是，他把儿子与外界隔离起来，以避免一切诱惑，儿子长到16岁，除了上帝，他什么都不想。父亲想：看来儿子已经修炼成功，可以放出去了。一天，他带儿子进城，头一次见到外面的世界，儿子一时反应不过来，很木讷。可当看到女人时，儿子为之眼睛一亮，问父亲："爸爸，这是什么？"父亲很不高兴地说："空气。"傍晚要回家的时候，父亲问儿子："你想买点什么东西回去？"儿子毫不犹豫地说："我要买个'空气'。"

故事听完了，请同学们来谈谈感想。

A：我觉得人们对异性与生俱来就有一种好奇心，有想了解异性的愿望。

（2）热身准备：男女同学面对面，微笑注视对方，点头问好，握手问候。

（3）主题活动，活动形式：同学自由交谈，实话实说青春期异性间的交往问题。

——大家是喜欢与同性交往还是与异性交往？

——交异性朋友重要吗？

——异性朋友和同性朋友有何不同？

（4）说一说：男女生间应该如何正确交往？

法制链接：

班长：《中学生日常行为规范》

第十条：同学之间互相尊重、团结互助、理解宽容、真诚相待、正常交往，不欺侮同学，不戏弄他人，发生矛盾时多做自我批评。

（5）知识升华：说出你的小秘密。

请同学们写下自己近期与异性朋友交往时遇到的问题以及关于对异性的一

些平时不敢问的问题。以无记名的方式让同学将自己的问题写下来并投入提前预备好的投票箱中。

（6）杯水游戏：请20名队员上台，每4名队员为一组，每组两男两女，并且男女交叉排列，每个同学的双手反背在身后，每组隔一个同学用嘴巴叼起一个空的纸杯，中间的同学在背起的手上拿起一个空纸杯，在每组的第一个同学的杯中加满水，然后由老师发口令"开始"，第一个同学将水倒入第二个同学的杯中，依次传递。最终哪一组最后一位同学传递最快、杯中水最多，为胜利！

（7）总结：青春期是人生重要的时期，这时的我们生机盎然，活力四射，这个时期是我们长知识、长身体的关键期，希望同学们能够从朦朦胧胧与异性交往的困惑中走出来，健康、快乐地成长！

【活动评价】

我们的中学生活是多姿多彩、美丽浪漫的，在这一期间我们应当多听取家长和教师的意见，正确对待异性交往，减少自己心理上不必要的负担。如果你们发展了异性间的友谊，那么说明你们是快乐轻松而成熟的青少年。

（淮安市洪泽外国语中学　钱传先）

心理主题活动设计——学会自信

【活动名称】

学会自信。

【所属课程】

七年级下册第三课《青春飞扬》。

【活动类型】

实践类活动。

【参与人员】

全体学生。

【设计意图】

青春期的青少年，年少气盛，精力旺盛，渴望证明自己，但如果他们的独立性和成人感的发展需求得不到满足，就容易陷入失落、挫败感中，变得敏感、脆弱和自卑等。因他们目前正处于半幼稚半成熟的矛盾状态，所以正确引导青少年将青春活力化为成长中的正能量，有助于他们感受青春时光的美好，真正助力生命的成长。这就需要引领青少年探索青春，把握青春，对青春做出理性规划，鼓励他们自尊、自信、自强，用积极的行动释放青春的力量，证明青春的自我。

【活动流程】

1. 课前准备

教师提前布置任务，对全班进行分组，选出若干评委，负责每个组秩序维持和组员成绩评判，老师负责督导。

2. 活动：全班参与

（1）感受自信心对个人行为的影响。

进行词语接龙游戏，要求学生在接词之前可在心里或大声地说："我能行！"

将学生分为三至四个小组。教师说出一个常见字，要学生以组为单位派代表以成语的最后一个字为开头，在限定时间内说出另一个成语，请四位同学统计各组所接的成语数量，多者为胜，评出龙头小组，教师给予及时地鼓励。

（2）小组交流，感受主动参与带来的自信。

问题：你个人参加接龙的次数是多少？谁接得最多？

交流：①接龙次数多的同学谈谈自己的经验以及接龙前、接龙成功后的感受。（教师引导学生学会感受成功的愉快，激发自信心）②接龙成功次数少的同学谈谈自己失利的原因及感受。（教师同样加以鼓励）

3. 启发思考

（再设疑，引发学生深入思考）在接龙过程中，是什么原因让你没有参与或不愿再接龙呢？你当时是怎样的一种状态？现在你对当时的状态有什么看法？

可能的答案：

A. 不会答；

B. 会答，但不敢答；

C. 还没想好，不敢答；

D. 前面答错了，受到同学的嘲笑，不敢再回答了。

师生共议，教师总结：失利的原因是对自己的实力没有正确的认识，不敢尝试。

教师激励：如果再给大家一次机会，你会勇敢地去争取吗？（激励学生增强自信心，努力争取成功）

4. 谈谈自信使你成功地做好了一件什么事？（体验自信带来成功的喜悦）

【活动评价】

本次活动，从课前的准备到课堂的展示，学生参与的积极性都非常高。在教师的引导和主持下，活动有序地进行，学生的实践能力得到了一定的锻炼，在分析问题、解决问题等能力方面也得到了一定的提高。通过活动使同学们体会成功，帮助同学们掌握树立自信心的技巧和方法，并用自己的实际行动去提高和展示自我的能力，了解青春期的我们要坚持自信自强，勇于承担历史重任，从而成为一个有担当、有能力、有自信的社会人。自信、自强为青春插上飞翔的翅膀。

（金湖县外国语学校　吴如江）

心理主题活动设计——"我型我秀"

【活动名称】

"我型我秀"。

【所属课程】

七年级下册第三课《青春的证明》。

【活动类型】

体验类活动。

【参与人员】

全体学生。

【设计意图】

自信是学生青春成长中必不可少的品质之一。而在现实生活中，很多同学往往认不清自己，甚至有的很自卑，或者自己潜意识里有一些方面的潜能，但他们没有意识到。因此，本活动的设计旨在帮助学生认识自我，接纳自我，建立自信心，以健康的心态面对学习与生活，面对人生，迎接挑战。让学生意识到自信的重要性，帮助学生形成向上、乐观、充满自信等健康心理，以良好健康的心理状态去学习和生活。学生感受到了自信，才会有勇气交往与表达，有信心尝试与坚持，展示其优势与才华，激发潜能与活力。

【活动流程】

1. 学生集体观看2017福布斯中国富豪榜排名第三位的马云因自信而取得成功的事例。

2. 每个同学拿出一张纸，在纸上写出同桌的才华、潜力、特长或任何一种你认为他（她）的优点。

3. 将班级分为4大组（一列为一组），将同学们刚刚写的纸张以组为单位交给老师，由老师从每个组里抽出4张纸，并读出纸上有这一特点的人是谁，让同学们猜猜。

4. 被猜出来的同学当众展示自己的才华、潜力、特长或优点，例如口才好、会画画、会唱歌、善于表达自己等等。

5. 前后排4—6人以小组形式交流，分享感受。

师：马云的事例说明了什么？

生：……

师：被同桌夸奖感受如何？上台来展示的同学有什么样的感受？对此，你们感悟到了什么？

生：……

【活动评价】

通过展示自我的这一活动，使学生进一步认识到拥有自信多么重要，同时通过别人对自己的评价，进一步肯定了自己，让自己有了自信，充满了激情，从而获得更多的实践机会与创造可能。

（淮安市洪泽外国语中学　嵇绘林）

心理主题活动设计——我的情绪故事

【活动名称】

我的情绪故事。

【所属课程】

七年级下册第四课《青春的情绪》。

【活动类型】

体验类活动。

【参与人员】

全体学生。

【设计意图】

培养学生良好的自我认知能力是中学素质教育的重要内容之一。情绪是复杂多变的，尤其是进入青春期的学生，情绪变化更加的复杂，中学生行为也容易冲动，因其行为举止多受到情绪影响，所以应该让他们体验各种情绪变化，并认识到情绪变化对自身的影响，开始思考以及找出管理各种情绪的方法。

【活动流程】

1. 课前准备

教师提前将全班进行分组，每组准备一束小花。

2. 8—10人为一组，围圈而坐。老师播放音乐。活动开始，各小组同学开始依次传递花束。

3. 音乐停止，花束传到谁的面前，就请谁站在小组圆圈中央，讲一个关于情绪的故事，如让自己快乐的故事，或让自己烦恼的事情等。然后，继续播放音乐传递花束。

4. 当某位同学讲述情绪故事时，其他同学观察讲述者的表情、动作，认真体会他（她）的感受。

5. 让学生交流分享：哪些事情会让我们的情绪发生变化？这些变化会给自己带来哪些影响？

6. 全班交流，谈谈自己的收获。通过大家刚才的交流分享，你得到了哪些启示或收获？

【活动评价】

青春期的学生都有自己的情绪体验，都能够感受到情绪对自己的影响。通过这个活动，学生可以进一步认识自己的情绪，明白自己的情绪会受到多方面的影响。同时通过聆听他人的故事，全面认识情绪的影响，进而思考怎样管理自己的情绪，让自己的生活更加美好。

（金湖县外国语中学　王德华）

心理主题活动设计——揭开情绪的面纱

【活动名称】

揭开情绪的面纱。

【所属课程】

七年级下册第四课《揭开情绪的面纱》。

【活动类型】

体验类活动。

【参与人员】

全体学生。

【设计意图】

为了帮助学生顺利度过青春期，保持乐观的心态，本课根据学生青春期情绪发展的特点，聚焦学生在成长的过程中所遭遇的相关生活事件及困惑，帮助学生了解情绪的多样性，影响情绪的因素以及情绪对个人的影响；同时结合青春期情绪特点，帮助学生认识自己的情绪，掌握调适情绪的方法和技能；在与人交往的过程中学会恰当的表达自己的情绪，积极应对青春生活，同时能够感染或帮助他人改善情绪。

【活动流程】

1. 情绪体验

（1）即兴表演：

① 叫几名同学看卡片（课前准备），即兴表演。

② 让其余同学用字词描述表演者所表达的情绪。

（2）情绪表达：

① 面部表情：指通过面部肌肉变化来表现的各种情绪。

最重要的器官是：眼睛和嘴

在黑板上画简笔画，得出基本的情绪面部模式。

② 躯体表情：指通过躯体动作来表达的各种情绪。

最重要的器官是：手

发挥学生的想象力，看看我们所知道的常用手语：

振臂高呼——激愤　　手舞足蹈——高兴

紧缩双肩——恐惧　　双手一摊——无奈

2. 学会管理情绪

（1）让自己有计划地忙起来。

（2）坚持运动。

（3）能够接受批评。

（4）要与思想积极的人交往。

（5）一些小技巧。

【活动评价】

　　学生通过学习活动，知道随着青春期的身体发育，其认知能力得到发展，自我意识不断增强，情感世界也愈加丰富，这些变化让学生感到新奇，同时也带给他们矛盾和困惑。通过活动体验、学习，让学生懂得调节和管理情绪。

（淮安市洪泽实验中学　李祥）

心理主题活动设计——放飞烦恼

【活动名称】

放飞烦恼。

【所属课程】

七年级下册第四课《揭开情绪的面纱》。

【活动类型】

体验类活动。

【参与人员】

全体学生。

【设计意图】

　　情绪的世界复杂多样，丰富多彩。对于情绪，我们既熟悉又迷惑，进入青春期后，人的情绪更是犹如那不定的天气，变化多端。所以，了解自己的情绪，把握自己的情绪显得尤为重要。轻松地活动可以让学生感受不同的情绪，在愉快的气氛中了解情绪，把握情绪，并学会调节情绪。

【活动流程】

表4-2-1 活动流程表

活动过程	活动目标	活动内容	时间安排及准备
暖身活动	了解情绪的基本类型	（1）教师向每位同学分发简易脸谱表情一张，请同学表演其脸谱表情，让其他同学猜是一种什么样的情绪。 （2）请同学为自己选择一个平常惯用（或自己喜欢）的表情，并总结情绪的基本类型	5分钟； 准备：课前为学生准备简易脸谱
情景讨论	了解消极情绪的危害性	（1）教师举一些例子，让同学分组讨论消极情绪的危害作用，并进行归纳总结。 （2）假设不同情境，讨论：发生该情境时，你会有什么反应？若不适的反应会出现什么后果？ （3）请同学们就自己生活中因不适的情绪反应造成的不良后果举例	10分钟； 准备：消极情绪以及情境例子
放飞烦恼	（1）学会调节不良情绪 （2）营造快乐轻松的课堂氛围	发给每位同学一张白纸，请同学们写下自己烦恼、不愉快的事件，并将它叠成小飞机，教师收齐后，再请几位同学放飞纸飞机，其他同学随机捡起纸飞机给纸飞机上写的烦恼提出自己的意见	10分钟； 准备：白纸若干张
活动总结	了解其他调节情绪的方法	（1）当你有了不良的情绪时，你调节情绪的方法是什么？你所了解的方法有哪些？请同学们分组讨论一下，并请几位同学发言。 （2）教师总结课堂过程与成果	10分钟； 准备：其余有效方法的收集

【活动评价】

暖身活动学生积极性最高，表情表演也十分到位，甚至有的学生能形象生动地表演出"不失礼貌而又尴尬的微笑"这样的网络热门表情，活跃了课堂气氛，同时也使得愤怒、痛苦、害怕等消极表情显得不那么沉重；放飞烦恼让同学们敞开心扉，互帮互助，通过"旁观者清"促使"自知者明"。

（淮安市黄集九年制学校 王培）

心理主题活动设计——情绪面面观

【活动名称】

情绪面面观。

【所属课程】

七年级下册第四课《揭开情绪的面纱》。

【活动类型】

体验类活动。

【参与人员】

全体学生。

【设计意图】

第一目"情绪面面观"引导学生认识情绪的含义以及人类情绪的丰富多样性，知道喜、怒、哀、惧是情绪的四种基本类型，还有害羞、焦虑、厌恶和内疚等复杂情绪；各种情绪丰富了我们的生活。

【活动流程】

1. 老师事先准备两杯温开水调制成无色的饮料（一杯可口的，加适量白糖，一杯难喝，加稍多一点的白醋）。请两位同学上台品尝，台下同学观察二人表情，再由二人说说体验，归纳出什么样的情绪。

2. 学生拿出一张白纸，简单写出生活中最让自己生气和恐惧的一件事，写出自己内疚和厌恶的一件事情，同桌交流。

3. 全员交流，分享感受。

师：每个人在生活中都会产生不同的情绪体验，如刚才品尝的饮料。因为这些情绪和我们的内心需要相联系，所以生活丰富多彩，情绪也复杂多样。

【活动评价】

从简单的活动引导学生知道情绪是一种复杂的内心体验，情绪种类丰富多样，基本种类有喜怒哀惧，还有害羞、厌恶、内疚等复杂情绪，各种情绪对我们的生活有神奇的作用。

（淮安洪泽实验中学　黄梅春）

心理主题活动设计——画出我的情绪

【活动名称】

画出我的情绪。

【所属课程】

七年级下册第四课《情绪的管理》。

【活动类型】

体验类活动。

【参与人员】

全体学生。

【设计意图】

培养学生良好的自我认知能力是中学素质教育的重要内容之一。处于青春期的学生，都会遇到各种不顺心的事情，产生各种不良的情绪，应对不当的话，就会长期受这些不良情绪的影响，进而影响学生的学习、生活，所以学会调节情绪的方法就显得尤其重要。这个活动旨在强化学生的自我感知，促进学生的自我反思，让学生在交流中掌握应对不良情绪的方法。

【活动流程】

1.课前准备

教师提前将全班进行分组，每组准备一盒水彩笔和几张白纸。

2.8—10人为一组，围圈而坐。每人领取一张白纸，在白纸上写下自己的名字。

3.先用笔写下最近让你烦恼的事情，写完在小组内依次向小组其他成员讲述自己的烦恼。

4.当小组成员都交流之后，用彩色水笔在自己的白纸上画出自己的烦恼。

5.让一个学生展示分享：我为什么这样画我的烦恼？我是怎么处理它的？其他同学认真聆听，听完之后再给予适当的建议。

6.全班交流，谈谈自己的收获。通过大家刚才的交流分享，你得到了哪些启示或收获？

【活动评价】

每个人创作的图画都具有不同的意思，每个人的情绪也都有不同的表现。

通过这个活动，学生可以进一步认识自己的不良情绪会影响自己的学习和生活，在交流的过程中我们要学会处理情绪的多种方法，减轻不良情绪对自己的影响，让自己生活的更加舒畅愉快。

（金湖县外国语学校　王德华）

心理主题活动设计——我的情绪我做主

【活动名称】

我的情绪我做主。

【所属课程】

七年级下册第四课《情绪的管理》。

【活动类型】

实践类活动。

【参与人员】

全体学生。

【设计意图】

通过活动，让学生认识情绪的感染性，明白情绪是需要调控的道理。在活动中，让学生逐步掌握一些管理和调节情绪的方法，形成自我调适、自我控制的能力，并在活动中，使学生学会理智地管理和调节自己的情绪，保持积极、乐观、向上的情绪状态；懂得在日常生活中，要学会尊重他人、关注他人的感受，学会恰当地表达情绪并能安慰他人。

【活动流程】

1. 每人写出自己曾经遇到过的被激怒（误解、伤害等）或激怒（误解、伤害等）他人时的一次感受，并如实反映自己或他人当时是如何处理自己的情绪的。

2. 6名同学为一组，组内交流，并回答别人的疑问。

3. 其他同学说出自己认为正确的处理方法，并记录在册。

4. 全班交流，分享感受。

师：你认为自己与同学们的建议哪一个更好？为什么？

生：……

师：大家思考一下，假如以后当你遇到或他人遇到不良情绪时，你会有哪些"灵丹妙药"让自己或他人保持积极乐观的情绪状态？

生：……

【活动评价】

通过这个活动，学生可以认识到当自己或他人遇到不良情绪时，一定要学会自我调节或帮助他人管理好自己的情绪，做自己情绪的主人，这样做既有利于自己，也有利于他人，有利于构建和谐的人际关系，更有利于构建和谐社会。

（淮安市洪泽实验中学　孙德旺）

心理主题活动设计——情感的颜色

【活动名称】

情感的颜色。

【所属课程】

七年级下册第五课《我们的情感世界》。

【活动类型】

体验类活动。

【参与人员】

全体学生。

【设计意图】

情感生活是初中学生青春成长的重要领域，这与他们的道德修养、法治学习密切相关。关注学生已有的情感经验和不断产生的情感需要，激发学生对自身情感状况、情感生活的自我察觉，将社会主义核心价值观的方向引领与学生基于自身情感发展需求的自我教育相融合。由于受家庭、社会、教育等诸多因素影响，许多学生在情感意识方面存在不少问题，主要表现在三个方面：情感认识不清晰；消极情感较多；不能很好地管理自我情感。这个活动旨在强化学生情感认知，促进学生自我观察，让学生体会自己的幸福，勇敢面对自己的痛苦，努力探寻未知的自己，从而加强自我情感的管理。

【活动流程】

1. 每个人准备一个透明的玻璃瓶。

2. 拿出一张纸写下自己印象深刻的一件事：可以是幸福的、悲伤的、痛苦的、愤怒的等。同时准备一张照片与自己所写的情绪对应起来，通过电脑发送给老师。

3. 把自己所写的情绪装在玻璃瓶里，发挥自己的想象给自己的玻璃瓶涂上颜色或者画上图案。

4. 教师利用PPT快速滚动学生提交的照片，学生随机喊停，画面定格在谁的照片，就先请大家猜猜这张照片蕴含着怎样的情感，然后请这位同学展示自己的情感瓶，并且告诉大家这张照片背后的故事和蕴含的情感。

5. 全员交流，分享感受。

师：你们认为什么是幸福？

生：……

师：看了大家添加的内容之后，你的感受是什么？你得到了哪些启示或收获？

生：……

【活动评价】

我们每个人的"幸福瓶"都象征着不同的意义，都是对自身情感的一种诠释和表达。通过这个活动，学生可以进一步认识自己的情感，知悉自身在情感认知方面的缺陷，接纳自我，同时通过他人的评价发现自己认识的"盲区"，并从他人反馈中调整自己的言行，从而完善自我的情感认知。

（淮安市洪泽实验中学　张亭）

心理主题活动设计——我们的情感世界

【活动名称】

我们的情感世界。

【所属课程】

七年级下册第五课《品出情感的韵味》。

【活动类型】

体验类活动。

【参与人员】

全体学生。

【设计意图】

培养学生良好的情感意识是中学素质教育的重要内容之一。情感意识反映人的个性特征，也是人的心理逐步发展和走向成熟的标志，它会对人的学习和工作产生巨大的推动作用，对人的行为方式起着重要的调节作用，并具有控制自己的行为与态度的功能，在学生的整体素质中起着难以估量的作用。由于受家庭、社会、教育等诸多因素影响，许多学生在情感意识形成方面存在不少问题。情感主要表现在以下方面：正面的情感、负面的情感、基础性的情感和高级性的情感。由于不能很好地管理情感，一些学生因此产生了情感上的自卑、行为上的依赖、性格上的偏执，以至于产生负面情感。这个活动旨在强化学生自我认知情感，促进学生情感的自我观察，让学生肯定自己的正面情感，勇敢面对自己的负面情感，努力探寻未知的情感，从而完善自己的情感世界。

【活动流程】

1. 每人在白纸上画一张自画像。此活动可以充分发挥学生想象力，用任何形式的图画来代表自己的情感，如人、植物、动物、风景、物体等。

2. 4—5名同学为一组，围坐一圈。每一位同学将自己的画讲给别人听，并回答别人的疑问。

3. 大家依次将自己的画传递给右侧的同学，每一位同学在别人的画上添加一些内容，可以是画也可以留言。

4. 当每个人的画绕了一圈又回到自己手中的时候，请大家认真阅读画上添加的内容，并询问小组同学其中的含义。

5. 全员交流，分享感受。

师：为什么你用这幅画代表自己的情感？

生：……

师：读了大家添加的内容之后，你的感受是什么？你得到了哪些启示或收获？

生：……

【活动评价】

我们每个人的"自画像"都象征着不同的意义，都是对自我情感的一种诠释和表达。通过这个活动，学生可以进一步认识自己，知悉自身的正面情感和负面情感，接纳自我，同时通过他人的评价发现自我认识的"盲区"，并从他人反馈中调整自己的言行，从而完善自我。

（淮安市洪泽实验中学　邓玮）

心理主题活动设计——酸酸甜甜就是我

【活动名称】

酸酸甜甜就是我。

【所属课程】

七年级下册第五课《在品味情感中成长》。

【活动类型】

体验类活动。

【参与人员】

全体学生。

【设计意图】

培养学生良好的自我调节能力，做心理的小主人是中学素质教育的重要内容之一。自我情感情绪的调节反映人的个性特征，也是人的心理逐步发展和走向成熟的标志，它会对人的学习和生活产生巨大的推动作用，对人的行为方式起着重要的调节作用，并具有控制自己的行为与态度的功能，在学生的整体素质中起着难以估量的作用。由于年龄较小和身心发展较不成熟等特点，许多学生在自我情感体验方面存在不少问题，主要表现在以下几个方面：放任自己的消极情感；消极的评价自我；不能很好地管理情绪。一些学生因此产生情绪上的自卑、行为上的依赖、性格上的偏执，以至于他们产生逆反心理。这个活动旨在强化学生自我认知，促进学生自我观察，让学生能够正确对待负面情感，善于调节自己的情绪，从而完善自我。

【活动流程】

1.每个人分别在纸上回答以下几个问题：

（1）我最讨厌的事是什么？

（2）我最痛苦的事是什么？

（3）最近我在什么情况下感到羞愧？后来又怎么做的？

（4）我最近因为什么事而焦虑，这种焦虑带来什么影响？

（5）你有正确对待挫败感的时候吗，请谈谈你是如何做的？

（6）对于你讨厌和痛苦的事，你是如何做的？

2. 4—5名同学为一组，围坐一圈。每一位同学将自己的感受讲给别人听，并听听别人的感受。

3. 大家依次将自己的纸传递给右侧的同学，每一位同学在别人的纸上（尤其是怎么做的）添加一些内容，主要是针对问题提出自己不同的感受和建议。

4. 当每个人的纸绕了一圈又回到自己手中的时候，请大家认真阅读添加的内容，并挑选最完整的情景或者同一个情景中不同的做法，分别让学生去演绎。

5. 全员交流，分享感受。

师：在这些情况下，你们分别能体会到哪些情感体验？它们对你产生了哪些影响？

生：……

师：读了大家添加的内容之后，你的感受是什么？你得到了哪些启示或收获？

生：……

【活动评价】

尽管我们每个人的负面情感体验不那么美好，但对于我们的成长也非常有意义。通过这个活动，学生可以进一步认识自己，知悉自身的优点和缺点，接纳自我，同时通过体验负面情感可以丰富我们的人生阅历，使我们的生命变得更加饱满丰盈。

（淮安市洪泽外国语中学　吴燕）

心理主题活动设计——集体生活邀请我

【活动名称】

集体生活邀请我。

【所属课程】

七年级下册第六课《集体生活邀请我》。

【活动类型】

体验类活动。

【参与人员】

全体学生。

【设计意图】

每个人都生活在集体中，心理学家对归属感问题进行了大量研究后认为，缺乏归属感的人会对自己从事的工作缺乏激情，责任感不强；社交圈子狭窄，朋友不多；业余生活单调，缺乏兴趣爱好。一般情况下，集体的联结度越高，个体感知到的集体温暖就越多。在集体中，我们希望被认可和接纳，得到尊重和理解，获得安全感和归属感。通过本次活动学生感受到了集体的温暖，增强了对集体的归属感和认同感。同时作为集体中的一员，也应该散发着自己的光和热，彼此传递关爱和温暖。

【活动流程】

把班级同学按6人一组分成小组。

1. 播放《光阴的故事》，请同学们闭上眼睛用心聆听歌曲，在音乐声中回想自己和班集体之间发生过的难忘的事情。

2. 听完歌曲后，请小组队员交流刚才听歌曲时所想的事，请做好记录。

3. 选择一个大家都觉得不错的事，改编成小品并进行表演。表演时间3—5分钟，不管节目好不好，都需要完成。

4. 接到这个任务时，你觉得困难吗？表演完小品后，你的心情怎样？从这个活动中你又明白什么道理？

【活动评价】

通过本次活动，让同学们感受到集体的力量，集体的温暖，增强了对班集体的归属感和责任感，使他们自觉遵守集体规则，为集体奉献爱心和力量。

（淮安市洪泽外国语中学　刘义）

心理主题活动设计——"坐地起身"有学问

【活动名称】

"坐地起身"有学问。

【所属课程】

七年级下册第六课《集体生活邀请我》。

【活动类型】

体验类活动。

【参与人员】

全体学生。

【设计意图】

本活动旨在培养学生团结一致，密切合作，克服困难的团队精神；培养其计划、组织、协调能力；培养他们服从指挥、一丝不苟的工作态度；增强学生间的相互信任和理解。通过活动体验，让学生身临其境，能真正体会到集体的温暖，让学生理解一个集体只有在团结协作中才能发挥出巨大的力量，把抽象的知识具体化，更好地培养学生的集体荣誉感。

【活动过程】

（一）活动前准备

1. 将全班学生分为若干小组，每组10人；

2. 寻找一块空旷的场地；

3. 时间约为30分钟；

4. 准备奖品，如糖果、学习用品等；

5. 制订并公布活动规则：每组成员背对着围坐在地上，手挽手，但不能撑地，合力一同站起。在3分钟内站起次数最多的一组为优胜组，优胜组将获得奖品。

（二）活动开展

3分钟游戏结束后，决出优胜组。为优胜组颁奖时，采访优胜组成员：你们认为在这个游戏中要获得成功，最关键的是什么？

学生回答：……

（三）游戏感悟

1. 在"坐地起身"的游戏中，个人如果游离于小组之外将会怎样？

教师积极鼓励学生发言，谈自己的真实感受。在学生回答的基础上，教师进一步引导学生列举生活中的实例，说明集体对个人成长、成才和成功的重要性。

2. 在"坐地起身"的游戏中，如果离开了每一个成员，小组比赛还能进行吗？

教师积极鼓励学生发言，谈自己的真实感受。在学生回答的基础上，教师总结：集体也离不开个人，个人是组成集体的细胞。集体的发展离不开每个成员的努力。

（四）游戏再续

刚才有的同学说做游戏时自己还没准备好，没发挥出自己的能力，那么我们再做一遍这个游戏，看看我们是否能表现得更加优秀？

1. 做游戏之前，让各小组先商讨策略，如何才能让自己组取胜。教师提出建议：

（1）首先要确定本小组目标；

（2）本小组成员间要有明确分工；

（3）所有成员要主动融入，集思广益，积极寻找获胜方法。

2. 讨论后，再开展游戏"坐地起身"。

3. 分享交流：

（1）获胜组同学谈谈本小组的策略，供大家学习；

（2）没有成功的小组成员谈谈在游戏合作中本组存在的问题；

（3）说说你为小组做了哪些贡献。

在学生交流的基础上，教师归纳总结：生活在集体中，我们要积极融入、关心、热爱和服务于集体。认同集体的共同目标，并为这个目标而努力；对集体有归属感，以自己生活的集体为荣，自觉维护集体的荣誉和利益，积极发扬集体的优良作风；愿意与其他成员团结协作，自觉完成集体交给的任务，积极主动地发挥自己的特长，为集体贡献自己的聪明才智。

【活动评价】

俗语"三个臭皮匠，顶个诸葛亮"，但也有"三个和尚没水喝"。集体的力量是大是小，要看这个集体是否团结，是否有共同的目标。通过活动体验，让学生身临其境，让每位学生充分参与到集体活动中来，这有利于引导学生真正体会到集体的温暖，让他们理解一个集体只有在团结协作中才能发挥出巨大的力量，从而更好地培养学生的集体荣誉感。

（淮安市洪泽区洪泽外国语中学　余文）

法律主题活动设计——生活需要法律

【活动名称】

生活需要法律。

【所属课程】

七年级下册第九课《法律在我们身边》。

【活动类型】

实践类活动。

【参与人员】

全体学生。

【设计意图】

本活动旨在激发学生学习法律的兴趣，树立知法、守法的意识，为养成遵纪守法的习惯，成为社会主义合格公民奠定良好的基础。进一步了解我们身边的，尤其是与初中生关系密切的一些法律知识；通过案例分析、模拟体验，增强他们辨别是非和自我保护的能力，初步培养学生正当运用法律维权的意识与能力。通过学习讨论学生对身边的事情有更深刻的认识，能够对身边的现象发表评论，并学会用法律保护自己。通过学生发挥个人所长编排与法制有关的节目，让学生在活动中学习法律知识，增强法律意识，运用法律武器，维护合法权益。

【活动流程】

1. 视频导入——法在我身边。

2. 学生根据课前收集的资料进行标志介绍（包括禁止饮用标志、禁止通行标志、禁止触摸标志、自然保护区标志、步行街标志、自行车停放标志等）。

3. 法律知多少

学生根据课前准备，由小组代表分别说出所知道的法律名称，小组其他成员补充，看哪个小组掌握得多。

4.出示图片，小组合作，就课本内容展开讨论：你对这些法律有哪些了解？

5.法律竞赛《考考你》：以下行为违反了什么法律？

（1）结伙打架。

（2）在名胜古迹上乱涂乱画。

（3）拒绝纳税。

（4）侮辱、诽谤消费者。

（5）中途辍学。

（6）遗弃老人。

（7）体罚学生。

（8）父母偷看孩子日记。

（9）向火车、汽车扔石子。

（10）向河里排放污染物、倾倒废弃物。

6.全员交流，分享感受。

法律广泛地存在于日常生活中，并且与每个人相伴终身，它是我们时时处处应自觉遵守的规则。如果你越过了这道界限，等待的必然将是法律的严惩。只有遵纪守法，才会一生平安！那就让我们共同去吹响《我们是遵纪守法的先锋》的号角吧！

7.结束语：老师衷心地希望同学们今后继续驾驶求知的航船，扬起法律的风帆，在学习和生活的海洋里，破浪前进！让我们牢牢记住："法"在我们身边，我们与"法"同行。让我们用法律的规则约束自己的言行吧。

【活动评价】

法律像眼睛时刻伴我行，安全像耳朵把我来提醒，让我们提高自我保护意识，法律常识常记心窝，牢牢记住"勿以恶小而为之，勿以善小而不为"。同学们通过此次活动，知道了不少的法律知识，懂得了法律的作用很大，记住了要好好学法、知法、守法。

（淮安市洪泽实验中学　朱群）

法治主题活动设计——模拟法庭

【活动名称】

模拟法庭。

【所属课程】

七年级下册第十课《我们与法律同行》。

【活动类型】

实践类活动。

【参与人员】

全体学生。

【设计意图】

未成年人由于受到年龄和经历的限制，社会生活经验不足，辨别是非的能力也不强，是社会中的弱势群体。由于缺乏法律意识和自我保护的能力，其权利容易受到侵害。为了提高中学生的法律意识，让中学生能够做到自觉遵守法律，当自己的合法权益被侵害时，会用法律维权。开展模拟法庭活动，一是可以增强学生对这方面知识的直观感受，二是能锻炼学生的社会实践能力，并且在模拟法庭的辩论过程中，让学生进一步直观感受法院审判的情景，了解审判的程序，体会法律的威严，同时培养学生的辩证思维能力和语言表达能力。

【活动流程】

1. 课前准备

（1）搜集并选取案例，探究案例涉及的法律知识；

（2）设计布置模拟法庭的审判席、原告席、被告席、辩护席、证人席等；

（3）确定审判长、审判员、书记员、原告、被告及相关诉讼代理人等人选，准备好起诉状和答辩状以及相关证据。

2. 活动程序及内容

（1）书记员查明当事人到庭情况。

（2）书记员宣布法庭纪律，请当事人、代理人入庭，请审判长、审判员入庭；报告当事人及诉讼代理人已全部到庭，可以开庭。

（3）审判长告知相关法律法规，宣布开庭。

（4）审判长核对当事人身份，开始法庭调查。

（5）审判长开始法庭调查，当事人依序举证。

（6）进行法庭辩论。

（7）审判长宣布休庭。判决前，由合议庭对案件进行评议，充分考虑各方当事人的意见。

（8）审判长宣布继续开庭，宣读案件判决（略），宣布闭庭。

【活动评价】

通过这样的活动，使同学们更加直观地了解民事诉讼与审判的基本程序，希望同学们在生活中能够学法、懂法、守法以及正确运用法律武器维护自身的合法权益。

（淮安市共和九年制学校　赵婵）

法治主题活动设计——我是法律小卫士

【活动名称】

我是法律小卫士。

【所属课程】

七年级下册第九课《法律在我们身边》。

【活动类型】

认知类活动。

【参与人员】

全体学生。

【设计意图】

本活动旨在使学生增强对法律知识的认识，养成学法、懂法、守法的好习惯，有效培养和树立学生良好的法治意识，使他们自觉遵纪守法，做一个守法的小公民。

【活动流程】

1. 课前把班级分成四个小组，让他们学习宪法、治安管理处罚法、未成年人保护法、义务教育法等与未成年人相关的法律；每组选出六位选手参赛，其他同学组成后援团。

2. 请三位政治老师做评委。

3. 课中，法律知识大比拼：

老师宣布比赛规则：必答题每组5题，每题2分，答对得2分，答错不得分，也不扣分；抢答题10题，每题2分，答对得2分，答错扣2分。《我是小律师》4题（案例分析），每题10分，每组任选一题作答，评委根据答题情况给分。

4. 请评委点评。

5. 选出最佳"小卫士"。

6. 请同学谈谈活动感受。

7. 老师对同学们提出自己的期望：学法、知法、守法、用法、护法，争做法律小卫士。

【活动评价】

本次活动，学生通过自主学习，了解了许多法律常识，认识到法律就在自己身边，法律维护我们的生活；认识到我们只有认真学法、知法、守法、护法、用法，社会秩序才能井然有序。本次活动，学生们积极准备、小组成员互相合作，增强了小组、班级的凝聚力，激发了学生的潜能，使学生们受益匪浅。

（金湖县实验初中　罗广来）

法治主题活动设计——辩论会《法律和道德哪个更重要》

【活动名称】

辩论会《法律和道德哪个更重要》。

【所属课程】

七年级下册第九课《法律保障生活》。

【活动类型】

认知类活动。

【参与人员】

全体学生。

【设计意图】

七年级学生接触到的法律知识比较少，对法律的认识比较模糊，而一些法律知识也比较抽象深奥，少部分学生认为只要不想犯法就不会犯法，所以也就不用学法。课堂开展辩论会《法律和道德哪个更重要》，以其生动地活动形式，调动学生的热情，提高课堂的参与度，从而让学生进一步了解法律和道德在规范人们行为方面的作用，帮助学生树立良好的法律意识和法制观念，提高自身的道德水平，在社会生活中学做知法、守法、护法、讲道德的合格公民。

【活动准备】

1. 明确观点：正方——法律比道德更重要；反方——道德比法律更重要。

2. 选出一位主持人，将全班同学分成正反方两个队，每个队自行产生一名第一辩手和一名总结陈词者，其余同学都是自由辩手，两队总的发言时间都是10分钟。

3. 正反方分组准备材料。

【活动流程】

1. 主持人宣布辩论赛规则，宣布辩论开始。

2. 正反方展开辩论。

3. 老师总结：正反方的优点在于他们分别看到了社会主义法律和社会主义道德各自的重要作用；不足的是他们的观点都很片面，把道德与法律的作用割裂开来了。在我国法律与道德具有一致性，他们是相互配合、相互促进、相互补充的。我们国家坚持依法治国和以德治国相结合。在日常生活中，作为青少年学生，既要提高自己的思想道德水平，也要加强自身的法治观念，做一个文明守法的好公民。

4. 主持人对同学们的表现进行鼓励性总结，宣布辩论结束。

【活动评价】

此次活动主题突出，目标明确，学生的积极性高。其注重引导学生们进行有效合作，培养口语表达能力、组织活动、协调关系的能力。在丰富多彩的活动中，增强学生对法律知识的认识，养成学法、懂法、守法的好习惯，有利于树立学校良好的学风和维护社会的稳定。使学生树立良好的道德意识，自觉的遵纪守法，做一个合格的公民。

（金湖县实验初中　主爱康）

法治主题活动设计——生活中的法律

【活动名称】

生活中的法律。

【所属课程】

七年级下册第九课《生活需要法律》。

【活动类型】

体验类活动。

【参与人员】

全体学生。

【设计意图】

法治意识是人们对法律发自内心的认可、崇尚、遵守和服从，是法治社会建设的基础，是"道德与法治"核心素养的重要内容，而规则意识则是法治意识的核心。树立社会法治意识，首要是确立社会的规则意识，这是建立法治秩序的基础。而目前青少年的法治观念普遍淡薄，随着新课程改革的深入，在教学中培养学生的学科素养已成为当前教育的重中之重。依靠被动的课堂学习是难以达到培养目标的，只有倡导体验式学习，才能使学生获得积极的、深层次的体验，以达到培养学生核心素养的目的。此次活动旨在引导学生观察生活，感悟法治的力量，自觉遵法守法。

【活动流程】

1. 全班分成几组，每组6—8人，按照老师的要求写出你的生活圈子或者一生历程，让学生回忆自己生活中的法律，以及涉及的权利与义务。（如表4-2-2或表4-2-3所示）

表4-2-2 活动流程表

生活场所	有关的法律
在家庭	《反家庭暴力法》《未成年人保护法》《婚姻法》《老年人保护法》
在学校	《教师法》《教育法》《义务教育法》
在超市	《消费者权益保护法》《食品安全法》

表4-2-3 活动流程表

人生历程	涉及的有关法律
出生	
上学	
就业	
结婚	
……	

2. 小组交流，派代表上台展示，补充。

3. 最后得出结论：生活需要法律，法律伴随人的一生。

4. 思考：法律在我们的生活中起到什么作用？我不违法，是不是就不受法律约束？

【活动评价】

通过本次活动，让学生发现我们的生活与法律息息相关，从而感受到法律带来的作用，在平时生活中树立法治观念，自觉学法、守法、用法、护法。引导学生观察周围的生活，培养学生的法治素养。

（淮安市洪泽外国语中学　周丽珍）

法治主题活动设计——认识四大保护

【活动名称】

认识四大保护。

【所属课程】

七年级下册第十课《法律伴我们成长》。

【活动类型】

认知类活动。

【参与人员】

全体学生。

【设计意图】

让学生初步认识到法律对未成年人的特殊关爱和保护，法律与未成年人的成长密不可分。在实际生活中，法律对未成年人的保护具体通过四大保护体现出来，让学生感知到法律就在我们身边，为学生学法打下坚实基础。

【活动过程】

1. 课前准备

教师提前布置学生收集"我们身边存在的保护"材料，将全班学生分成四组，分别对家庭、学校、社会及司法方面的保护进行收集。各小组内部要细致分工，明确各组员的职责和义务。由组长带领组员对本组收集的材料进行汇总、分析。

2. 教学中，各小组口头或利用多媒体汇报展示所收集的图片、文字、视频等材料。

3. 各小组选派代表发言，谈谈观后感悟，全班仔细倾听各组代表的发言。

4. 如果有展示到对未成年人的保护中存在的问题，可以师生一起讨论，怎样看待这些现象？怎样解决这些问题？

【活动评价】

本次活动为学生提供了一个展示平台，教师在教学中渗透"研究性学习方式"，在结构上做了回归生活的教育，让学生亲身体会，加深了对家庭、学校、社会、司法保护重要性的理解，并注重发挥了学生主体学习的作用。通过本次活动，学生学会用适当的方法收集信息，学会与他人分工协作，使学生参与活动的热情很高。

（金湖县实验初中　　陈云霞）

法治主题活动设计——特别的爱给特别的你

【活动名称】

特别的爱给特别的你。

【所属课程】

七年级下册第十课《法律为我们护航》。

【活动类型】

体验类活动。

【参与人员】

全体学生。

【设计意图】

《青少年法治教育大纲》要求围绕青少年的身心特点和成长需求，结合青少年与家庭、学校、社会和国家的关系，开展法治教育；中国学生发展核心素养提出，要培养学生适应终身发展和社会发展需要的必备品格和关键能力，具备法治意识是现代公民的基本素养。本主题活动围绕七年级学生身心特点和成长需要，结合学生生活实际，从学生可以接触到感知到的情境入手，让学生自主探寻发现法律对未成年人的保护关爱；让学生自主观察，合作研讨国家、社会、学校和家庭等对未成年人保护关爱的举措；让学生领悟各种关爱保护，珍惜享有的权利，自觉履行自己的义务，回报法律的特殊保护。活动设置从理论入手，到实践验证，再到思想导行，符合学生认知规律。本活动通过三个环节让学生领悟到法律对未成年人的特殊保护，使他们提高法律认识能力，并内化于行动，养成适应终身发展和社会发展需要的必备品格，做当代合格公民。

【活动流程】

1. 发现爱——《今日说法》。课前学生通过网络、图书馆、咨询老师等方式了解《宪法》《未成年人保护法》《婚姻法》《劳动法》《义务教育法》等与未成年人保护有关的法律及其规定，课堂通过《今日说法》环节向其他同学介绍相应法律知识。说出法律对未成年人的爱。

2. 感受爱——《法治观察》。结合法律相关规定，学生观察国家生活、社会生活、学校生活和家庭生活中有哪些保护未成年人的举措。教师可拍摄并制作视频如父母接送子女上下学、学校组织安全疏散演练、区图书馆免费向学生开放等材料供学生观察思考，领悟家庭、学校、社会和司法各方面对未成年人的特殊保护。感受法律对未成年人的爱。

3. 珍惜爱——《法在心中》。法律为未成年人健康成长设置四道保护线。中学生要心中有法，珍惜法律给予的特殊关爱，享受法律赋予的正当权利，自觉履行法律赋予的义务，尊重他人合法权益，维护法律权威。回报法律对未成年人的爱。

【活动评价】

《道德与法治》一课的根本任务是立德树人，本活动设计不仅让学生了解个人成长和参与社会生活必须有基本法律常识，更在于培养了现代社会有法治观念的有用之人。本设计把知识、能力、情感态度和价值观有机融合，流程一偏重于知识、流程二偏重于能力、流程三偏重于情感态度和价值观，每个流程又都能体现知识、能力与情感态度价值观的有机统一。本活动的实施，有利于发展学生核心素养，对培养现代社会需要的合格公民有积极意义。

（淮安市洪泽湖初级中学　韦光兵）

法治主题活动设计——做法治中国的参与者

【活动名称】

做法治中国的参与者。

【所属课程】

七年级下册第十课《法律伴我们成长》。

【活动类型】

实践类活动。

【参与人员】

全体学生。

【设计意图】

通过此次活动，引导学生明白，推进法治中国建设是每个公民的责任和义务，我们在生活中要养成良好的行为规范和道德修养，自觉学法、守法、用法、护法，参与和推动法治中国建设。

【活动过程】

主题讨论：如何做法治中国的参与者和推动者？

1. 把学生分成六个小组，每个小组选出一名记录员。

2. 学生写出4个要点。

3. 各小组内交流每位学生所写的内容，并讨论留下4个较好的要点。

4. 由记录员到讲台交流展示。

5. 在六个小组交流的基础上，师生共同选出至少4个要点。

【活动评价】

课堂分组交流，小组代表发言，全班同学讨论出要点，全员参与，让同学们在学习中感受到法在规范公民的生活，自己要依法办事，做自觉守法的公民，参与和推动中国法治建设。

（金湖县实验初中　陈云霞）

第三节 部编教材八（上）

道德主题活动设计——社会小调查

【活动名称】

社会小调查。

【所属课程】

八年级上册第一课《在社会中成长》。

【活动类型】

体验类活动。

【参与人员】

全体学生。

【设计意图】

本节课在于让学生能感受到社会对于个人成长的重要性，从而自觉养成亲近社会的行为。在学生调查的过程中，培养其发现问题、分析问题、解决问题的能力，从而在平时生活中，从点滴小事做起，关爱服务于他人和社会。

【活动流程】

1. 课前布置任务，以小组为单位，任选一个生活场景展开观察调查。

2. 调查前准备：选定观察调查的场景（社区、马路、商业区、工业区……），提前分工，预设会有哪些"不和谐"因素。

3. 调查过程中：对于发现的和谐因素，要善于观察"和谐"因素会产生哪些积极影响；对于发现的"不和谐"因素，要学会多角度分析，主动采取多种方式找到问题的多种形成因素，从而为解决问题提供多方思路。

4. 调查结果的整理：归纳整理调查资料，哪些"和谐因素"可以获得表扬，我们又该如何向他们学习；在探讨如何把"不和谐"转化为"和谐"的同时，探讨作为中学生的"我"，能否为解决这些问题出一份力？如何出力？

表4-3-1　调查表

	原因	解决办法
路人		
住户		
商户		
居委会		
企业		
政府		
……		
我		

5.在班级内进行交流。

【活动评价】

学生走进社会开始观察，其实就是亲近社会的第一步。只有置身于社会中，学生才能切身感受到社会的良好秩序和进步发展，同时学生也能体会到在大部分人都在为建设全国卫生文明城市而努力时，仍然存在诸多不和谐因素。学生直观感受到这些"不和谐"因素后，自然而然地就会约束自己的言行，避免自己成为不和谐因素。但这还不是最终目的，教师要注意引导学生形成解决问题的方案，发现问题是基础，解决问题是目的。学生在探讨解决问题的过程中，要感受到个人的言行对于社会的影响，从而在以后的生活中，树立正确的价值观，关爱他人，关爱社会。

（盱眙县第一中学　贾必达）

道德主题活动设计——制订班级网络规则

【活动名称】

制订班级网络规则。

【所属课程】

八年级上册第二课《合理利用网络》。

【活动类型】

实践类活动。

【参与人员】

全体学生。

【设计意图】

当今时代，以互联网为代表的信息技术日新月异，引领了社会生产新变革，创造了人类生活新空间，极大提高了人类认识世界、改造世界的能力。现在，青少年爱上网已然成了家庭和学校最头疼的事了，上网加重经济负担不说，影响其学习成绩却成了最大的麻烦。对于青少年来说，网络是"大灰狼"还是"牧羊犬"，关键在于如何引导他们正确上网。

【活动流程】

1. 课前准备

教师提前布置任务，对全班进行分组，搜集相关资料。（身边的、网络上的正面事例和反面事例）

2. 学生组织辩论

网络利大于弊——网络弊大于利。

3. 老师赛后点评，选取辩论中的典型事例进行分析，引领学生思考。

4. 课件展示"全国青少年网络文明公约"。

5. 学生自编规则。（编写1-2句工整、押韵的网络交往规则）

6. 小组合作。（检查员检查、计时员计时、记录员记录）

7. 成果汇报。（在主持人的协调下展示讨论成果）

【活动评价】

学生以亲身参与的方式，深化本课主题，通过辩论、小组合作、小组汇报让更多的学生切实参与课堂、展示自我，体现了学生的主体性，同时帮助学生提高了明辨是非的能力，明确了上网目的，争做有益的事；自觉控制上网时间和网上行为，促使身心健康成长。

（涟水县淮文外国语学校　刘鹏程）

道德主题活动设计——生活离不开规则

【活动名称】

生活离不开规则。

【所属课程】

八年级上册第三课《遵守规则》。

【活动类型】

体验类活动。

【参与人员】

全体学生。

【设计意图】

生命只有一次，幸福快乐掌握在自己的手里。通过这次活动旨在强化学生自觉遵守交通规则的习惯，了解生活中的规则，知道遵守规则的重要性，让学生懂得社会生活离不开规则，人人都要遵守规则。

【活动流程】

1. 每人在白纸上画一种交通标志图案。如禁止掉头标志、禁止货车通行标志、禁止非机动车通行标志、非机动车道标志、人行横道标志、停车场标志、步行标志、交叉路口标志、反向弯路标志、注意危险标志、禁止行人通行标准、事故易发路段标志、慢行标志等。

2. 选出20位同学组成10对，一人拿标志名称，另一人找到相应的标志图案，站在一起，检查后，对的同学大声说出标志名称。

3. 选5名同学表演：出发前，甲同学检查好自行车刹车出发；遇到红灯，乙同学还一直往前骑；丙同学提着东西，骑车曲折行驶；丁同学骑车拼命追赶前面同学；戊同学在快车道道上骑车。

4. 全员交流，分享感受。

师：同学们，习惯成自然，好的交通安全意识习惯能够规范我们的交通行为。不好的交通安全意识习惯却会误导我们的交通行为，甚至可能会夺走我们宝贵的生命。

生：各种各样的车辆已经越来越快地融入到了我们的生活之中，它给我们的出行，带来了便捷，节省了很多时间。但在很多车辆面前，也存在着很多危险……

师：古语说"没有规矩，不成方圆"，社会上、生活中、自然界里，各种事物、各种活动都有其内在的规律及规则，有了规则，且人人遵守，社会才能井然有序，否则将是一片混乱。如果这些地方都没有规则，那样行吗？为什么？

生：不行！如果马路上没有交通规则，汽车就会乱开，都抢着走，发生撞车。

生：超市里没有规则，东西都会掉在地上，大家乱抢好的东西。

生：如果打球没有规则，队员就会打架，不知道是谁赢谁输。

生：……

【活动评价】

随着交通事业的发展，道路上来往的车辆越来越多，交通安全问题严峻地摆在每一个人面前。通过此次活动，学生能进一步知道遵守交通规则需要他律和自律，需要我们发自内心地敬畏规则，将规则作为自己行动的准绳；明白了要从自身做起，自觉遵守规则，在保护自身安全的基础上，提醒、监督、帮助他人遵守规则。

（涟水县大东中学　许文龙）

道德主题活动设计——以礼待人

【活动名称】

以礼待人。

【所属课程】

八年级上册第四课《以礼待人》。

【活动类型】

体验类活动。

【参与人员】

全体学生。

【设计意图】

培养学生文明礼仪是中学素质教育的重要内容之一。文明有礼是一个人的思想道德素质、科学文化素质和交往能力的外在表现，也是构建和谐社会的需要，更是形象的有力体现，对人的行为方式起着重要的调节作用，并能控制自己的行为与态度，在学生的整体素质中起着重要的作用。做到以礼待人，能够展示一个人优雅的气质和良好的修养，让自己更容易被别人接受和认同，获得更多的尊重和机会，进而更好地立足于社会。由于受诸多因素影响，在现实生活中存在一些无礼的现象，主要表现在三个方面：语言不文明；仪表不端庄；举止不文明。这个活动旨在强化学生自我认知，促进学生自我观察自己在生活中的缺点，从而完善自我，做一个文明有礼的人：要态度谦和，用语文明；要举止端庄、文明；要在社会生活中不断学习、观察、思考和践行。

【活动流程】

活动一：传统礼仪知多少

1. 教师组织学生快速抢答。

2. 见面礼节表演，如拱手、作揖、鞠躬、寒暄等。

3. 点拨：可以从语言文明、仪表端庄、举止文明等方面引导学生说说传统的礼仪。

4. 小结：传承中华优秀的传统礼仪是我们自身的需要，也是我们的责任。

活动二：开展礼仪大讨论

1. 出示情景材料：小明一家约了朋友一起去吃晚餐。小明一家先到了就餐地点，找到房间。进屋后，小明抢先坐在沙发上，把脚放在茶几上，自顾自玩手机。一会儿，几位朋友来了，他们主动与小明打招呼，小明只是答应了一句，眼睛也没有离开他的手机。因为等的时间比较久，小明有些饿了，菜刚上齐，他就拿起筷子夹菜吃，妈妈提醒他别着急，大人还没有开始呢。小明鼓着嘴，很生气……

2. 分组讨论：你认为小明哪些方面做的不合适？应该如何改进？

3. 各抒己见：如果你是一起就餐的客人，你会有什么反应？会如何做？

活动三：礼仪对个人、社会、国家的意义和作用

畅所欲言——情景讨论

1. 教师PPT出示情景材料：图片《当你让座时，一声"谢谢"重要吗？》

文字材料：网友"与三有缘"的郁闷事——"在外面转了一天好累哦，好不容易碰上一辆有位子的车，心里庆幸一下。车上人渐渐多了，上来了一个抱小孩的乘客，没人给她让座。我坐在倒数第二排，实在看不下去了，就把她叫过来，把位子让给了她。说实话，我很不想让，因为自己也好累。可是她连一句谢谢的话都没有，我心里有点不高兴。"

因为给人让座，对方连句谢谢都没有，此番遭遇在论坛上引发了网友热烈地讨论。

2. 各方意见。

有网友说：如果让座人得不到尊重，下次他可能就不让座了。不少网友认为：让座的人本没有这个义务，而被让者的一声谢谢，是对让座人的一种尊重和认可。如果对方不说声谢谢，那我就会觉得对方没有教养，没有礼貌，不值得为其让座。还有网友说：作为受助者，应该真诚地对提供帮助者表示感谢，同时心存感激，在能力所及的范围下帮助其他需要帮助的人，使整个社会都充满爱。

不过，也有网友认为：不必如此小气，作为行善方如果讨要感谢，那这个善举就变得非常有功利心了，就好比捡了钱包问别人要酬劳一样。但被施善方，应该主动予以精神或者物质上的感谢，因为这是最起码的尊重。

3. 学生畅所欲言：当你让座时，一声"谢谢"重要吗？对于无礼之人，我们要不要继续以礼相待？

4. 教师小结：面对无礼行为，我们不能求全责备，斤斤计较，更不能以无礼的方式对待他人，应该胸怀诚敬之心，容忍、体谅他人，以自己的智慧和行为去感染他人。文明有礼是人立身处世的前提；文明有礼是一个人思想道德素质、科学文化素质和交际能力的外在表现；文明有礼使人变得优雅可亲，更容易赢得他人的尊重与认可；文明有礼促进社会和谐。

人人参与——各抒己见

1. 教师PPT出示情景材料：刺目的图片《垃圾桶在此——这句话只写给中国人看》《请保持安静——这句话只写给中国人看》，为此，到新加坡考察的一位中学校长语重心长地说："不文明行为也是国耻。"

2. 教师提问：请你谈谈对"不文明行为也是国耻"一句话的理解。

3. 教师点拨、总结：文明有礼体现国家形象。我们的一言一行都体现了中国形象，更体现了民族的尊严和国家的形象。

活动四：践行礼仪的方法

1. 教师PPT出示情景材料：北宋时期的杨时从小聪明伶俐，被称为"神童"。一天，他与游酢一起去老师程颐家请教。时值隆冬，朔风凛凛，到程颐家时，适逢先生在炉旁闭目养神。他们不想打扰老师，就在门口静静等待。过了良久，他们的脚都冻僵了，冷得发抖，但依然恭敬侍立。程颐醒来后，发现他们站立在风雪中，赶忙起身迎他们进屋。

2.小组讨论：你如何评价杨时和游酢的行为？说说你的理由。

3.学生反思：我是有礼之人吗？（做得好的"笑脸"，不好的"哭脸"）

4.师生研讨：作为中学生的我们，如何做文明有礼的人呢？

5.教师点拨、总结：做文明有礼的人，要态度谦和，用语文明；要举止端庄、文明；要在社会生活中不断学习、观察、思考和践行。

【活动评价】

我国素来有"礼仪之邦""文明古国"的美誉。通过这个活动，了解我国的传统礼仪，学生可以进一步认识自己，知悉自身的优点和缺点，接纳自我，完善自我，从而在今后的学习生活中，做一个文明有礼的人；体验讲文明礼仪对自己的形象以及对社会、国家民族的影响，形成乐于以礼待人的文明交往态度，进一步提高践行"以礼待人"的能力。

（涟水县东胡集学校　杨飞）

道德主题活动设计——以礼待人

【活动名称】

以礼待人。

【所属课程】

八年级上册第四课《以礼待人》。

【活动类型】

体验类活动。

【参与人员】

全体学生。

【设计意图】

以龙虾节举办为背景，设计几个场景，让学生以"以礼待人"为主题设计出一个小品。通过小品的设计、编排、表演、点评、反思、总结等过程，让学生掌握关于礼仪的相关知识，在情感上增强对以礼待人的认同感，并能够在以后的生活实践中做到以礼待人。

【活动流程】

1.课前准备

（1）分工：每组6-8人，材料搜集（1人）小品编排（2人）表演人员（4人）导演（1人）。

（2）搜集资料：指导学生通过盱眙365等盱眙当地的媒体平台，搜集有关龙虾节的材料，通过优酷等视频软件下载《中华礼仪之美》等有关礼仪的电视节目。

（3）小品编排：指导两位同学通过搜集资料，完成小品的编写。

（4）小品彩排。

2.课堂展示（以其中一组为例）

镜头一：（龙虾节开幕当天，全国各地的游客来到盱眙，他们不仅要来饱览盱眙美景，也要来品尝盱眙的美味——小龙虾。在这个时候，有两位外地游客出现了……）

游客甲（语气焦虑）：怎么办啊，去龙虾节会场的路怎么走呢，晚会马上就要开始了！

游客乙（欲哭无泪）：就是啊，好不容易买到了票，我们现在这手机也没电了，周围也没个人可以问问！（这时盱眙县实验中学的两个小小志愿者出现了，两位游客赶紧上前问路。）

游客甲：您好，两位同学，请问去龙虾节会场的路怎么走啊？

同学甲：您好，不用着急，沿着这条路向前走100米后右拐，然后再向前走大约200米就到了。

同学乙：如果你们还有不清楚的，沿途都有我们学校的志愿者，他们可以帮助你们。

游客乙：非常感谢，我们明白了，给你们点赞！

同学甲：不用谢，这是我们应该做的。

镜头二：（晚会过程中，大家都在开心地观看晚会，可是这时却出现了不太和谐的一幕：一个大妈一边吃瓜子，一边将瓜子壳扔在地上。这一幕被小小志愿者看见了，他们决定来劝阻大妈……）

同学甲（小声地、委婉地）：阿姨您好，公共场所扔垃圾好像不太好，能不能注意一下呢？

同学乙（小声地、委婉地）：这次龙虾节召开，展示的是盱眙乃至整个淮安的形象，我们每个普通市民都有义务为这次龙虾节的召开做力所能及的事情，这同时也展示了您个人的形象啊。

大妈：孩子，你们说得对，我这就捡起来。（弯下腰把瓜子壳捡到垃圾袋中）

镜头三：（龙虾节晚会结束之后，大家都在有秩序地退场，这个时候实验中学的小小志愿者们却非常忙碌，活动在会场的各个角落……）

同学甲：大家不用着急，沿着这条路往前走就可以到会场外面了，外面的交通有点拥挤，请您不要着急哦！

同学乙（一边捡起地上的垃圾，一边扶着一位老奶奶）：奶奶，您慢点，我来扶您。

同学丙：大家回家路上注意安全哦，希望下次您能再来盱眙。

游客们：谢谢你们啦，可爱的同学们！

3. 说明

邀请表演组的编剧、演员代表等同学对自己的表演进行一个说明，说一说表演的思路以及设计意图。如：通过上述三个小品的表演，首先让大家感受到什么是文明礼仪，进一步地表演表明了做一个文明人的重要性，并能够在以后的学习和工作生涯中做一个讲文明、懂礼貌的人。

4. 点评

说明完之后，可以邀请其他几个组的小导演对表演进行适当的点评，找出表演的亮点与不足。

5. 总结

最后老师对表演的小组进行一个总结，回归主题"以礼待人"。教导学生在日常的学习和生活中能够做到文明礼貌，以礼待人，做到谦谦君子，温文尔雅，展示东方文明大国的礼仪风范。

【活动评价】

实践证明，加强互动性、参与性教育，不仅能调动学生的积极因素，开发他们的非智力因素，而且能强化学生对教材知识的认识和掌握，提高他们分析问题、解决问题的能力，大大增强教学效果，使学生的综合素质得到有效的提高。在教师的引导和主持下，活动有序地进行，让学生认识到做一个讲文明、懂礼貌的人既关系到一个人的健康成长，也关系到一个城市、一个国家的名誉和声望，所以无论何时何地，我们都应该做一个有文明礼貌的人。

（盱眙县实验初级中学　于书丹）

道德主题活动设计——诚实守信

【活动名称】

诚实守信。

【所属课程】

八年级上册第四课《诚实守信》。

【活动类型】

体验类活动。

【参与人员】

全体学生。

【设计意图】

八年级学生对诚实已有基本的认识，能够判断什么是诚实行为，什么是不诚实行为，但由于生活阅历简单，他们对诚实的重要性仍缺乏深刻的认识。因此，帮助学生进一步认识诚实、理解诚实就显得尤为重要。本堂课采用了小组合作法、情境体验法、活动探究法等手段，也把师生对话、生生讨论等引进了课堂，当然，还利用多媒体来辅助教学，其目的就一个：引导学生诚实做人，诚信做事。

【活动流程】

1. 课前准备

5~6名同学为一组，将准备好的10道问卷调查表发放给每一位同学。每组选出一个组长，负责每个组秩序维持和组员问卷统计，老师负责督导。（调查表附后）

2. 同学们将填好的问卷调查表交给组长，组长将问卷调查表进行统计。并将每一题的调查数据进行公布。

3. 将调查数据出现比较大的题目公布并进行讨论，每组指派一个学生展示自己填题围绕"诚信"这一主题的理由。

4. 将问卷调查表中同学之间容易产生矛盾的问题，例如何应用诚信的智慧，请每组派代表来进行交流。

5. 多媒体展示材料：（来源于电视连续剧《乔家大院》）乔家祖训为什么要子孙"学吃亏"而不是"避免吃亏""小心吃亏"？学生举手回答。

6. 全员交流，分享感受。

师：为什么你选择这样回答？是否代表了自己诚信？怎样体现诚信的智慧？

生：……

师：了解了大家填的内容和同学说明理由之后，你的感受是什么？你得到了哪些启示或收获？

生：……

【活动评价】

首先，本堂课较成功地创设了教学情景，让学生熟悉的内容走进课堂，以问卷调查的活动为线索，设计了来源于生活的故事情境，并提出有讨论价值的、层次合理的问题让学生在课堂上进行探究、交流，学生学习兴趣浓厚，课堂效果良好。其次，教学过程中贯彻了"贴近学生、贴近生活、贴近实际"的原则，关注了学生的生活经验，这也触动了学生的内心世界，启发了学生的思维，激起了学生的探究欲望。再次，教学没有回避社会现实问题，让学生就"老实人吃亏"进行讨论，允许学生发表不同看法，课堂更注重对学生进行主流价值引导，这也增强了教育效果。最后，课堂上，学生参与既有一定的广度，又有一定的深度，并具有开放性，学生在学习过程中发现和提出了问题，并敢于发表自己的不同见解，又培养了学生发散性思维能力。

（盱眙县实验初级中学　汪浩）

诚实守信在我们校园中问卷调查表

1. 学校里，同学之间有借文具等现象，借了后你是否及时归还？

○ 是

○ 否

○ 偶尔会拖欠

2. 你在对别人许下诺言之前，会认真考虑吗？

○ 会

○ 有时会

○ 不会

3. 小华买铅笔盒用了10元钱，却对妈妈说花了20元，从而获得了10元零花钱。此类现象：

○ 在我身上发生过

○ 我同学就曾经如此

○ 我和我同学都不会这么做

4. 在做作业或考试时，个别同学会出现抄袭、作弊等现象，那么你呢？

○ 从来没有过

○ 曾经有过

○ 经常这么做

5. 当同学偷看你的作业或试卷时，你是怎么想的？

○ 无所谓

○ 他（她）是我的好朋友，还是给他（她）看吧，也算朋友帮忙

○ 给他（她）看，是害了他（她），是对他（她）的不负责任

6. 在学校里捡到物品，你会怎么做？

○ 问问周围的人，是谁丢的东西，实在找不到失主，我就带回家

○ 占为己有

○ 交给老师

7. 小明与妈妈去超市购物，拿了5个芒果，另外还塞了一个在小明口袋里，付钱时，妈妈只付了5个芒果的钱。你遇到过这种现象吗？

○ 曾经有过，那是妈妈的事，与我无关

○ 这个妈妈真聪明

○ 如果我是小明，一定会阻止妈妈的

8. 小方下课时不小心把同桌的墨水弄翻了，同桌没及时发现，小方有几种做法，你看你平时是怎么做的？请把它选出来。

○ 赶快溜，趁没人发现时

○ 对同桌说是别人弄翻的

○ 向同桌说明事情真相，并赔礼道歉

9. 在你犯错后承认错误时，你通常会：

○ 毫不保留、彻底把自己的错误说出来

○ 为了减少责罚，只讲一部分

○ 努力为自己辩解，并尽量把责任推到别人身上

10. 当你没有实现你许下的诺言时，你会觉得惭愧吗？

○ 会

○ 偶尔会

○ 不会

道德主题活动设计——各负其责

【活动名称】

各负其责。

【所属课程】

八年级上册第六课《我对谁负责　谁对我负责》。

【活动类型】

体验类活动。

【参与人员】

全体学生。

【设计意图】

美国前总统林肯曾说过："每个人应该有这样的信心：人所能负的责任，我必能负；人所不能负的责任，我亦能负。如此，你才能磨炼自己，求得更高的知识而进入更高的境界。"

本次活动旨在使学生明确认识责任，增强学生的责任感，懂得人因不同的社会身份而负有不同的责任，每个人都应该对自己的行为负责。教育学生要为自己的行为负责，对那些为社会负责的人应该心存感激。

【活动流程】

1. 将班级学生分为三组，分别扮演家庭、学校、社会各领域中的角色。

情景表演：各负其责

2. 分组表演：（角色可以有：军人、老师、学生、医生、司机、环卫工人等）

（1）家庭剧：主动承担家务，尊老爱幼。

（2）学校剧：遵守纪律，认真学习。

（3）社会剧：遵守社会规则，维护公共秩序。

3. 小组讨论交流

（1）看完表演，你有什么感悟?

（2）教师总结：角色越多，责任越多，每一种角色都意味着一种责任。只有人人认识到自己扮演的角色，并尽到自己的责任，才能共同建设和谐美好的社会，共享美好的幸福生活。

【活动评价】

本次活动旨在激发学生对责任的认识，增强学生的责任意识，努力为自己的行为负责。活动前学生积极准备、策划、收集资料；活动中积极参与；活动后互相交流、讨论。学生真正感受到不同的社会身份负有不同的责任，懂得各负其责的意义，从而学会做一个负责任的人。

（盱眙县马坝初级中学　朱广霞）

道德主题活动设计——做负责任的人

【活动名称】

做负责任的人。

【所属课程】

八年级上册第六课《做负责任的人》。

【活动类型】

实践类活动。

【参与人员】

全体学生。

【设计意图】

苏联教育家马卡连柯明确指出："培养责任心，是解决许多问题的教育手段。"现在的中学生大多是独生子女，他们的自立意识和生活自理能力较差，依赖性很强，唯我独尊，感情冷漠，缺乏对自己、对父母、对学校、对社会的责任感。其不负责任的态度表现在：学习马虎、不认真；生活草率；自我为中心，不计后果；习惯于把责任都推给父母、他人。因此，对学生责任意识的培养，是学生健康成长的需要，更是培养新世纪人才的需要。本次活动旨在引导学生反思自己是否具有较强的责任心，以及承担责任时要不言回报。虽然有些应该做的事情不是我们自愿选择的，但是我们仍然应该自觉承担相应的责任。

【活动流程】

活动一：问卷调查，全班参与

1. 发放调查问卷，请每个学生按照自己内心真实的想法，完成调查问卷中的10个题目。

2.分小组统计得分情况

1—5题A得7；B得5；C得10；D得3；6—10题A得10；B得3；C得7；D得5。

3.出示评价标准，根据得分给自己找准定位。

（1）85—100：你是一个具有高度责任感的人，你的责任感表现在学习、生活、工作、交往等各个方面，是个让人欣赏的孩子。希望你保持住你良好的状态，踏踏实实向前走，必定能实现你的理想！

（2）70—85：你是一个比较有责任感的人，但又很会"审时度势"，有时在一些事情的判断上并没有那么坚定。希望你坚定目标，脚踏实地，坚持不懈地朝更高的目标走去！

（3）50—70：你的责任意识不强，很多时候需要依靠他人的指引与帮助。希望你能提高责任意识，这样你的学习与生活才能更主动，获得更多意想不到的效果！

（4）30—50：你的责任感很欠缺！大多数的事情对于你来说无所谓，只有想不想做，好不好玩，懒惰和漠不关心经常打败你！你要积极调整自己的状态，才能获得更多的肯定和成绩！

活动二：名句赏析，交流感悟

1.出示名言警句

多帮人民做点好事，这就是我最大的快乐和幸福。（雷锋）

责任就是对自己要求去做的事有一种爱。（歌德）

每天务必要做一点你所不愿做的事情，这是一条宝贵的准则，它可以使你养成认真尽职的习惯。（马克·吐温）

2.交流分享：请同学们说说这些名言所蕴含的有关承担责任方面的道理。

活动三：践行责任，从我做起

拟定责任计划：在家、在学校、在社会应主动承担起哪些责任。

【活动评价】

每个人对自己、对他人、对社会需承担的责任认知程度不一样。通过活动学生可以对自己具有的责任心有个明确的认识，并反思自己的行为，从而培养学生增强责任感，拟定计划主动做一个负责任的人。

（盱眙县马坝初级中学　夏侯志）

附：调查问卷

我是一个有责任感的人吗

1. 在学习上我对自己负责任吗？

A. 我对学习的态度比较认真，但需要爸妈和老师对我进行主动指点或安排，爸妈或老师经常帮助我。

B. 我对学习还算在意，不过没人提醒我的时候我容易管不住自己，爸妈或老师需时不时地提醒我。

C. 我对学习很主动，完全不需要爸妈和老师为我操心。

D. 没有人帮助我、提醒我时，我就不学习。就算有人来帮助我，我也没有几分钟热度。

2. 我的作业质量如何？

A. 我的语、数、英作业质量比较好，但其他科目的作业如果老师没有严查我也会有懈怠的情况。

B. 我的作业质量会被老师批评，还会时不时有原因地欠交，但老师找我要时我还是会想方设法交上。

C. 我的各科作业质量都很好，每道题我都会认认真真解决，还经常总结经验教训，以期获得更大的进步。

D. 没有人督促我时我不交作业，作业质量也很差。

3. 如果打扫教室时其他人都走了，我会怎么做？

A. 粗略地打扫一下整个教室，使教室卫生勉强符合要求。

B. 打扫完本来属于我责任区域的那一部分，其他不是我的职责范围，我认为我没有义务管。

C. 就算只有我一个人，我也会坚持把教室打扫干净再走。

D. 反正大家都跑了，我也不必留下来，要罚大家明天一起罚。

4. 如果我的好朋友或其他同学在做损害集体荣誉的事，我会怎么做？

A. 如果是我的好朋友我会提醒他、劝说他，陌生人我就没必要说了。

B. 批评别人吃力不讨好，做好自己才是最重要的。

C. 不管是陌生人还是我的好朋友，我都会坚决地制止，并且想办法指正他的坏习惯。

D. 这本来就不关我的事，而且有时我还可能和他一起做。

5. 老师不在，教室里纪律不好时，我会怎么做？

A. 我能管好我周围的人，远处的人就交给他们身边的人来管理吧。

B. 我做好自己就行了，别的人我也管不住。

C. 只要有人破坏纪律，我就会站出来维持班上的纪律，保证大家的学习氛围。

D. 我往往就是使教室纪律不好的那批人。

6. 在班级工作中，我的态度如何？

A. 不管是我职责内还是职责外的事，只要我看到了，都会负责到底。即使会有人说我多管闲事。

B. 参与班级管理工作很花精力，还容易被老师批评，又容易得罪人，我才不管呢。

C. 职责内的事情我一定会严格地做好，职责外的事老师没说我也没必要做。

D. 我负责的部分都时不时地出点问题，我没有精力管别人的事。

7. 我珍惜爸妈对我的付出吗？我对我的爸爸妈妈负责吗？

A. 我很感激爸妈为我做的一切，现在我唯一能做的就是在学校好好表现，努力学习来回报爸爸妈妈，在家时我也非常听话懂事，希望能使他们少一点烦恼。

B. 爸妈付出是天经地义的，我这么小，不需要对大人负责。我表现不好，是因为爸妈不管我或管得太多了。

C. 爸妈说的我都会听，我也希望能用好成绩回报他们，但有时候力不从心，我觉得是我的天赋不好。

D. 我有点管不住自己，老师会因为我的表现把我爸妈叫到学校来谈话，谈话时我心里有触动，可没过几天我老毛病又犯了。

8. 我来到学校读书的目的是？

A. 为实现自己的理想，我会认真努力，积极配合老师，计划好为达到理想所必经的事，对自己的一生负责。

B. 因为大家都来学校上学，我不知道我这个年纪除了上学还能干什么。

C. 为了不辜负父母、亲朋、恩师对我的期望。

D. 我不知道理想与现实的关系，我进这个学校的目的就是为了考一所好高中。

9. 如果遇到了我很想做但可能会给我带来坏的影响的事情，我会怎么办？

A. 如果它阻碍了我实现理想的道路，不管它有多么诱人，我都会坚决拒绝。

B. 既然我很想做，那就去做吧，人生就应该过得潇洒。

C. 我很犹豫，然后会主动求助于老师、父母或好友，或者自己劝说自己，之后我会拒绝它。

D. 我一开始会沉迷，但经过父母和老师的劝导，我会尝试放弃。

10. 在班级、学校的活动中，我往往是如何表现的?

A. 积极地报名参加，为班级争得荣誉。即使老师选不上我，我也为自己曾参与过感到骄傲，并且帮助老师开展组织活动，真诚地为参加的同学加油鼓劲。

B. 这些事情从来与我无关，到了集合人多混乱的时候我就找机会开溜。

C. 我内心还是比较想参加的，但不会很主动地跟老师说。如果老师点到我了，我会积极努力地参与、组织，争取取得最好的成绩。

D. 老师要选人的时候，我尽量不让老师看见我。然后比赛时，老师让我们安静的时候我就安静，让我鼓掌的时候我就鼓掌。

道德主题活动设计——做个有责任心的中学生

【活动名称】
做个有责任心的中学生。

【所属课程】
八年级上册第六课《责任与角色同在》。

【活动类型】
体验类活动。

【参与人员】
全体学生。

【设计意图】
让学生懂得什么是责任，如何做一个有责任心的人。教育学生做事应有责任意识，认真负责，勇于承担。通过活动让学生感受责任的重要性，增强其责任意识，学会对自己、对他人、对社会负责。

【活动流程】

1. 体验游戏
游戏规则:

（1）每组选出一名代表（组长）参加；

（2）听到1向左转，2向后转，3向右转，4保持不动；

（3）做错的人归组，面朝组员，大声说："对不起，我错啦！"

我们总结一下，大家知道为什么出局的同学要向本组的组员说"对不起，我错了！"吗？因为组长代表全组，肩负着责任；那么，当我们听到组长说"对不起，我错了！"的时候，作为组员，我们应该怎么办？对，回答"没关系，我们原谅你"，这是我们组员的责任；其实，我们还可以做得更好一点，当组长代表我们全组上台的时候，我们应该给他送上掌声，给他鼓励，给他信心，这同样是我们组员的责任。

今天我们德育活动课的主题是"做个有责任心的中学生"，那什么是责任呢？首先，我们通过两个故事，来思考一下责任的含义。老师想请两名同学分别为大家朗读一下这个故事。谁愿意承担起这份责任？

2.分享故事

先请这位同学给大家读一下第一个故事。

《一个独生女的故事》

不到10岁的女孩张鸣鸣的父亲去世了，妈妈又因风湿性心脏病卧病在床。小鸣鸣十分懂事，用自己平时积攒的零花钱交了学费。鸣鸣自此便担起了做家务的担子，每次做完家务还要忙着写作业，在学校也争当一位好学生。李老师来到鸣鸣家了解情况后，对自己曾经批评和误解鸣鸣而感到内疚。妈妈看了鸣鸣的日记，自责委屈了女儿。鸣鸣为了不让妈妈伤心，烧掉了日记。一天，雷雨之夜，妈妈病情加重，被送进医院，鸣鸣每天坚持上学，还要跑医院给妈妈送饭，作业都是在病床上完成的，为了给妈妈补充营养，鸣鸣杀了自己心爱的小鸡毛毛，妈妈看到女儿小小年纪，担子却如此之重，便起了自杀念头，被女儿拦住后，母女抱头痛哭。鸣鸣学习不断进步，文章在小记者报上发表，臂上也带上了"三道杠"。妈妈病情加重，被送进急救间，被抢救过来之后，鸣鸣脸上绽开了幸福的笑容……在生活的磨难中，鸣鸣逐渐成长，勇敢地走向明天。

问：这个故事反映了什么主题？

学生自由发言。

教师小结：张鸣鸣的经历让我们感动，更让我们沉思：她那一颗闪光的责任心让我们不由地想起"我们的责任"。作为一名中学生，我们该肩负起怎样的责任呢？

接下来要求学生按下面的方式简要回答，以了解自己具有不同的角色，而产生不同的责任。

在家庭，我是子女，我的责任是孝敬父母、承担家务、好好学习等；

在学校，我是学生，我的责任是尊敬老师、团结同学、努力学习、热爱集体等；

在社会，我是公民，我的责任是遵纪守法、以良好的行为创造美好的社会等。

3. 夸一夸

负责任不仅表现在认真完成任务，而且也表现在自己所担负的工作出了问题，勇于承担起责任，不把过错推给别人。请夸夸你身边负责任的同学！

【活动评价】

责任心是一种良好的行为习惯，是一种很重要的素质，通过本次活动让学生认识到：要做一个有责任心的中学生，就必须做到对自己负责，对他人负责，对社会负责。引导学生从生活中的每件小事做起，培养自己的责任心，让责任心成为一种受益终身的好习惯。

（盱眙县旧铺中学　杨陈）

道德主题活动设计——让生活充满爱

【活动名称】

让生活充满爱。

【所属课程】

八年级上册第七课《关爱他人》。

【活动类型】

体验类活动。

【参与人员】

全体学生。

【设计意图】

关爱是社会和谐稳定的"润滑剂"和正能量，它能使人们在交往过程中互谅互让，相互尊敬，相互信任，与人为善。关爱传递着美好情感，给人温暖和希望，是维系友好关系的桥梁。关爱也有利于形成良好的人际关系，促进社会的文明进步。但是在现实生活中，由于许多独生子女自小被家人宠爱，对家人和周围亲友的关爱缺乏感恩之心，事事以自我为中心，养成了自私的性格，不懂关爱他人，不顾及他人感受。再加上社会上有些负面事件，如小悦悦事件、学生扶老人被讹事件等被媒体无限放大，在学生中产生负面影响，认为我们的社会人与人之间缺乏关爱，我们也不敢关爱。通过这个活动，旨在帮助学生树立关爱他人的意识，在与人交往时要心怀善念，与人为善；明白在一定意义上，关爱他人其实就是关爱和善待自己。

【活动流程】

1. 说一说

（1）说说在生活中都有谁关心爱护过我。

（2）说说我在生活中都关心爱护过谁。

2. 读一读

故事梗概：在一个风雨交加的早晨，女孩与母亲争吵后离家出走，晚上又冷又饿，走到一个面摊边，摊主阿姨给她煮了一碗面，她感动的泪流满面，面摊阿姨说："我只是给你煮了一碗面你就感动不已，你母亲给你煮了这多年饭，你都不感动吗？"阿姨的一句话让她顿悟，她飞奔回家，正好看见母亲在风雨中翘首企盼。

3. 看一看

播放视频：严顺开小品《张三其人》。

4. 听一听

歌曲《让世界充满爱》。

5. 议一议

（1）关爱他人仅仅是物质上的帮助吗？（物质、精神、道义等各方面）

（2）能力大的人能给人关爱，我们中学生也能关爱他人吗？（尽己所能，不分大小）

（3）关爱他人过程中受到误解怎么办？（讲究策略，学会自我保护）

（4）爱总是要大声说出来吗？（不能伤及他人自尊）

【活动评价】

我们生活的社会是个和谐温暖的社会，关爱无处不在，无时不在，我们不是缺乏关爱，只是缺乏体验和感受。通过这个活动，可以使同学们进一步认识和领悟我们的父母、家人、老师、同学、陌生人都曾给予过我们关爱，我们的身边也充满着关爱的故事。所以在生活中我们要心怀善意，学会尽己所能，在物质、精神、道义等各方面关爱他人，同时要学会关爱策略，既不伤及他人自尊，也不使自己陷入困境。

（盱眙县旧铺中学　陈吉斌）

道德主题活动设计——关爱他人

【活动名称】

关爱他人。

【所属课程】

八年级上册第七课《关爱他人》。

【活动类型】

体验类活动。

【参与人员】

全体学生。

【设计意图】

关爱他人是人内在美的体现，是美好生活的源泉。人们渴望得到别人的关爱，也要主动去关爱他人。在现实生活中，由于受到各种因素的影响，有些人不主动去关爱他人，有些人在关爱他人时受到委屈，遭人误解，由此认为人性扭曲，社会冷漠，从而做一个"事不关己，高高挂起"的旁观者。这个活动旨在引导学生明晰关爱他人的情感认知，树立正确关爱他人的价值认知，提高践行关爱他人的能力。

【活动流程】

1.每个小组领到一份体验活动材料，内容如下：

体育课，同学们正在塑胶跑道上热身跑步，突然我摔倒了，趴在跑道上，不能动弹，眼泪在眼眶打转……

情境一：全班同学继续跑步，没有人过来帮我，我的感受……

情境二：全班同学停下跑步，都过来帮我，我的感受……

情境三：我最要好的同学却没过来，我的感受……

情境四：一会儿，我最要好的同学买来了我最爱吃的零食，我的感受……

2. 小组活动要求：

（1）小组成员分别扮演"我""我最好的同学""同学"三个角色。

四个情境都要表演一遍。

说说自己在不同情境下的感受。

小组成员将自己的感受进行组内交流，形成小组意见。

3. 各小组进行交流，分享感受。

4. 老师也将自己的感受和同学们一起分享。

【活动评价】

角色扮演，调动学生的内在情感体验；不同的角色扮演，让学生从不同的角度去体验被他人关爱的感受、关爱他人的感受以及误解他人和被人误解的感受，多维度感悟关爱他人是一种幸福，也是一门艺术，本活动旨在唤醒学生关爱他人的内在自觉，化认识为行动，积极践行，奉献社会。

（涟水县灰墩中学　张量）

道德主题活动设计——敬老从我做起

【活动名称】

敬老从我做起。

【所属课程】

八年级上册第七课《服务社会》。

【活动类型】

实践性活动。

【参与人员】

八年级学生、政教处团委负责人、社区敬老院负责人、八年级《道德与法治》教师。

【设计意图】

敬老爱老是中华民族的传统美德，友善他人是社会核心价值追求。为此，特设计该活动，引导学生用实际活动去关爱五保老人，用行动去践行服务社会、奉献社会的价值理念。

【活动流程】

1. 课前准备

教师提前与敬老院负责人取得联系，根据敬老院提供的五保老人人员数进行学生对应分组，明确各组负责人。

2. 活动过程

活动一：服务全方位

（1）由各小组同学对自己对应服务的五保老人的住所进行卫生打扫、为老人进行才艺表演等。

（2）倾听老人的故事，学会陪伴。

活动二：贴心面对面

（1）为老人送上小礼品。

（2）记下本组所服务老人的姓名、心愿等。

（3）年级集合交流，由敬老院负责人做发言。（主要是党和国家对敬老的政策及社会对敬老院的关爱）

（4）现场分班级评出"关爱老人小达人"。

（5）活动总结，价值引领。

【活动评价】

从课前的准备到实践活动的开展，学生参与到社会服务中的热情很高。通过此次活动增强了学生的组织纪律性，养成了良好的劳动观念，形成了一般劳动技能。通过本次社会实践活动，培养了学生的人际交往能力、协作能力、组织能力、操作能力以及适应环境的能力。更重要的是，通过社会实践活动，培养学生的参与意识、创新意识和勤于实践、勇于探索、乐于合作的精神，不断提升学生的精神境界，使其学会关爱友善他人。

（盱眙县旧铺中学　严厚荣）

道德主题活动设计——尊敬各行各业的劳动者

【活动名称】

尊敬各行各业的劳动者。

【所属课程】

八年级上册第十课《天下兴亡　匹夫有责》。

【活动类型】

体验类活动。

【参与人员】

全体学生。

【设计意图】

实现中华民族的伟大复兴是现阶段我们的中国梦，而实现中国梦要靠全体中华儿女的共同努力、共同奋斗。八年级的学生经过七年级的学习与培养，已经具备了一定的道德素养和法治观念，但是对于自己所身负的历史使命和重大责任的认识还不是很明确和强烈。所以教师要通过一系列的活动，让学生亲身感受，产生情感共鸣，从而引导学生要勇于承担历史的使命，为实现中华民族的伟大复兴贡献自己的力量。

【活动流程】

1. 课前准备

教师提前分配任务，把全班分成若干组，选出若干评委，负责评选活动。

2. 活动过程

活动一："看一看"：播放视频《最美清洁工》

看完后你想到了哪些赞美的词语？并说说令你感动的原因。

活动二："比一比"："最美劳动者"评比

（1）寻找身边令你感动的劳动者。

（2）通过文字材料或播放视频材料来讲一讲他的典型事迹。

（3）为你所推举的"最美劳动者"设计独具特色的推荐词，为他们拉票。

（4）评委投票选出"最美劳动者"。

3. 交流感受

师：同学们，当你们看到"最美清洁工"的视频时，有什么感受？

生：劳动是财富的源泉，也是幸福的源泉。今天，我们国家所取得的每一项成就，都是广大人民用辛勤劳动、诚实劳动、创造性劳动换来的。

师："最美劳动者"的评比活动后，你有什么感受？

生：每个人所处的岗位不同，从事的劳动也不同，但都在为国家和社会发展做出贡献。正是无数劳动者兢兢业业、艰苦奋斗、无私奉献，成就了我们今天的美好生活。无论是脑力劳动者还是体力劳动者，都是国家的建设者，都值得我们尊敬和学习。

【活动评价】

该活动的所有素材都是来自于学生的生活，具有较强的说服力，更能引起学生的情感共鸣！通过这个活动，学生可以深刻的了解各行各业劳动者的艰辛与存在的价值，培养学生对劳动者的尊敬之情，提升其自身对历史使命和责任感的认识，从而能够自觉勇于承担历史的使命，为实现中华民族的伟大复兴贡献力量。

（涟水县郑梁梅中学　张翠）

道德主题活动设计——劳动创造美好生活

【活动名称】

劳动创造美好生活。

【所属课程】

八年级上册第十课《建设美好祖国》。

【活动类型】

体验类活动。

【参与人员】

全体学生。

【设计意图】

通过让学生参观宿舍、整理内务，体验劳动创造美好生活；参观国家建设成就图片展，明确实干才能实现中国梦。作为未来的建设者，要努力学习，激发自己科学探索的热情，为实现中国梦做出自己的贡献。

【活动流程】

1. 课前准备

教师提前给全班学生进行分组，布置搜集关于国家建设各方面成就的图片以及各行各业做出突出贡献劳动者的事迹；安排两个卫生环境对比强烈的宿舍供同学们参观。

2.活动过程

活动一：体验劳动的快乐

参观宿舍：

（1）参观两个宿舍：一个被褥叠放整齐、物品摆放有序、地面打扫干净的宿舍，一个被褥没有叠、物品零乱、地面横七竖八地躺着几双拖鞋和几个食品袋的宿舍。

（2）学生畅谈参观后的感想。

（3）请几位同学现场对零乱的宿舍进行整理，让其他同学说说前后变化带来的心理感受。

活动二：感受劳动的伟大

（1）各组展示搜集到的近些年来国家建设成就的图片，并对这些成就进行分类。（经济、政治、文化等）

（2）各抒己见：这些成就是谁通过什么方式创造出来的？说说这些成就对我们生活有什么影响。

（3）寻找身边令你感动的劳动者，与同学分享其典型事迹。

【活动评价】

从课前准备学生积极性不高到参观两个宿舍时强烈反差所带来视觉上的冲击，让学生深深懂得劳动创造美好生活，从而为活动的二次开展奠定基础，懂得要把中国梦变成现实、创造未来美好生活，需要每个人在自己的工作岗位上付出更多的辛勤和汗水。

（盱眙县开发区实验学校　侯永春）

道德主题活动设计——争做食品安全小卫士

【活动主题】

争做食品安全小卫士。

【所属课程】

八年级上册第十课《关心国家发展》。

【活动类型】

角色模拟类活动。

【参与人员】

全体学生。

【设计意图】

美国华盛顿大学有一幅标语：我听见了，就忘记了；我看见了，就领会了；我做过了，就理解了。可见，实践活动课在课堂教学中的重要性。模拟活动教学法是当前比较常见的教学方法之一。学生在直观、仿真的情景中，模拟扮演某一社会角色，按其真实生活的需求与方法，进行模拟实践，让学生在活动中体验生活，感悟观点。"国家取得巨大成就的同时，我们也要正视发展中面临的问题，尤其是关系国计民生的问题，如食品安全问题"，为了使学生理解课本上这一内容并产生情感体验，由学生来扮演相关角色，在课堂上进行模拟表演。该活动旨在强化中学生关心国家发展的责任意识，让他们深刻认识到国家发展与每个人息息相关，并坚信在每个人的参与下国家会越来越美好，个人生活会越来越幸福。

【活动流程】

1. 课前准备

教师提前布置任务，选出一位主持人，对全班进行分组，分为市民组、企业组、政府组三个小组，选出小组长，负责每个组的工作，老师统筹。

2. 查阅资料

每个组查阅与食品安全相关的资料，并进行汇总、整理。

3. 模拟角色

主持人阐述我国食品生产存在的问题。每组推荐发言人，针对食品安全的举措等内容，模拟市民、企业、政府官员上台发言，相应组员可以补充发言。

4. 交流分享

作为一名中学生，在保障食品安全上也应该贡献自己的一分力量，落实到日常行动中，争做食品安全的小卫士。

【活动评价】

从课前准备到课堂角色模拟再到课后落实行动，活动有条不紊地进行。通过这个活动，学生认识到食品安全的重要性，知晓保障食品安全的系列措施，在日常生活、行动中自觉维护食品安全，进而深刻认识到祖国发展和中学生息息相关。

（盱眙县第六中学　徐生翠）

社会主题活动设计——多彩的生活

【活动名称】

多彩的生活。

【所属课程】

八年级上册第一课《我与社会》。

【活动类型】

实践类活动。

【参与人员】

全体学生。

【设计意图】

人的成长离不开社会，积极关心社会是现代人应有的品质。时代在发展，社会在进步，我们作为社会的一员必须时时关注社会，积极参与到社会的发展和进步当中，丰富自己的生活，使自己的生活变得更加精彩。同时，对社会中存在的现象和问题应认真进行分析并积极出谋划策，把自己和社会紧密相连，培养自己的主人翁意识。

【活动流程】

1. 课前准备

教师提前布置任务，将全班分成若干组，观察和记录自己的周末生活，拍照或录制短视频，到校后交流讨论并分享，并评选出"生活之星"和"献策小能手"。

2. 活动过程

活动一：亮出我生活

（1）小组交流：自己的周末生活是怎样度过的，并选出本组周末生活最丰富的同学；

（2）每组周末生活最丰富的学生上台通过照片或短视频展示并简单讲解自己的周末生活。

活动二：绘出关系网

根据展示的内容，结合自身的周末生活，绘出自己的生活关系网并在组内分享。

活动三：献策我最行

（1）在这张关系网中，寻找到社会中存在的问题，积极献计献策解决此问题；

（2）将组内的建议整理并写信寄给相关部门。

3. 全员评选，颁发奖品

评选出"生活之星"和"献策小能手"。找同学谈谈选出此人的理由。

【活动评价】

每位同学对生活的感受都不相同，通过此次活动让同学们感受生活的丰富和精彩，培养其亲近社会的情感，意识到个人与社会是紧密联系、不可分割的。同时，通过活动让学生正确看待社会中存在的问题，并积极献策，培养其责任意识和主人翁意识。

（盱眙县第一中学　蒋微）

社会主题活动设计——我与社会

【活动名称】

我与社会。

【所属课程】

八年级上册第一课《丰富的社会生活》。

【活动类型】

实践类活动。

【参与人员】

全体学生。

【设计意图】

在人生发展的每个阶段，我们彼此都是从陌生人交往开始的。从入学开始就要同陌生的老师交往，同陌生的同学交往，从小学、中学、大学，到走向社会，都不可避免地要和各种不同的陌生人打交道，与陌生人交往是现代人的必修课，与陌生人交往的能力是衡量一个人人际交往能力的关键性尺度。因此，我们不要惧怕与陌生人交往，而应该学习和掌握一些与陌生人交往的技巧和方法，成为一个合格的现代社会人。本次活动重在要求学生初步形成交往与沟通的能力，认识到自身发展与社会的关系，更好地与父母、老师、同学和社会上的其他人交往，从而顺利适应社会生活。

【活动流程】

1. 课前准备

教师提前布置任务，对班级进行分组。

2. 活动过程

活动一：

（1）情景剧：小明的一天。分析：通过小明一天的活动，你感受到了什么？

图4-3-1　小明的一天

（2）图片欣赏

图4-3-2　参观工厂

图4-3-3　参加农村劳动

图4-3-4　听法制讲座

图4-3-5　集体活动

① 这几幅图片分别是什么内容？

提示：第一幅是参观工厂；第二幅是参加农村劳动；第三幅是听法制讲座；第四幅是集体活动。

② 这些活动给你什么感受？

（3）同学们思考一下，还有哪些我们参与过的社会生活？参加这些活动有什么意义？

学生回答：到敬老院参加义工活动；到景区旅游；为社区发展提建议等。

我们会与越来越多的人打交道，对社会生活的感受越来越丰富、认识越来越深刻。我们会更加关注社区管理，并献计献策；会更加关心国家发展，或为之自豪，或准备为之分忧。

活动二：

（1）（展示图片）识别几种社会关系，并思考四幅图片及社会关系网告诉我们一个什么道理？

图4-3-6　同学关系

图4-3-7　师生关系

图4-3-8　母子(女)关系

图4-3-9　消费关系

（2）情景图片展示

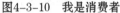

图4-3-10　我是消费者

图4-3-11　我是大哥哥

① 读图分析：在这些社会关系中，人的身份是固定不变的吗？

提示：在社会关系中，人的身份不是确定不变的。

教师总结：人的身份在社会关系中不是确定的。在不同的社会关系中，我们具有不同的身份。

② 分析自己参与了哪些社会关系，在这些关系中分别扮演着什么身份？

提示：父子（女）关系，扮演儿子（女儿）；师生关系，扮演学生；同学关系，扮演同学；公共关系，扮演公民等等。

活动三：小辩论

图4-3-12　辩论图

让学生分成两组，对以下两个话题进行辩论：

（1）人是否可以离开社会而单独存在？

（2）一个人的成功，完全是他个人奋斗的结果吗？

让学生搜集资料，更进一步地理解人的成长和发展与社会是密不可分的。

【活动评价】

本节课教学，引用有针对性和新颖性的案例和故事，激发学生的积极性和主动性，为小组的合作探究做好了准备。

（盱眙县铁佛中学　王大雷）

社会主题活动设计——角色扮演：说说我的一天

【活动名称】

角色扮演：说说我的一天。

【所属课程】

八年级上册第六课《责任与角色同在》。

【活动类型】

体验类活动。

【参与人员】

全体学生。

【设计意图】

使学生懂得人因不同的身份而负有不同的责任，懂得每个人都应该勇敢的承担起属于自己的责任，不断提升自己的能力，增强担当意识。对那些为自己为社会担当责任的人心怀感激之情。有足够的勇气为自己的选择承担相应的责任。活动旨在强化学生知责、负责、尽责，要勇于承担责任、要有奉献精神，使他们逐步走向成熟，承担起对他人、对社会的责任。

【活动流程】

1. 让每个人想一想，未来自己希望成为一个什么样的人？从事什么样的职业？那个时候，他们的一天是如何度过的？让学生大胆想象：在此角色中，每天他最有可能、最需要做的事是什么？

2. 4—5名同学为一组，围坐一圈。每一位同学将自己的想法分享给别人听，并听取其他同学的疑问和建议，不断完善自己的设想。

3. 每小组选一人在全班分享他们的"角色"以及他们未来"平凡的一天"。学生和老师在此过程中，可适当提出建议和疑问，从而丰富与完善同学的想象。

4. 全员交流，分享感受。

师：为什么你要这样度过自己的一天？

生：……

师：这一天当中哪些是你认为必须要做的？你为此现在需要准备什么？

生：……

【活动评价】

我们每个人"未来的一天"都是一种对他人、对社会的责任，都需要树立责任意识，明确担当。通过这个活动，学生可以进一步认识自己未来所要承担的责任，培养责任心，理解、体谅他人的付出，不断完善自己，走向成熟。

（盱眙县观音寺中学　朱晓伟）

社会主题活动设计——在社会中成长

【活动名称】

在社会中成长。

【所属课程】

八年级上册第一课《丰富的社会生活》。

【活动类型】

实践类活动。

【参与人员】

全体学生。

【设计意图】

充分运用互联网设计活动，激发学生兴趣，增强学生的求知欲，遵循"寓教于乐"的原则，同时注重面向全体学生，让学生人人能干事，事事能干好，取得意想不到的实效。本节课旨在让学生知道人的成长离不开社会；掌握亲社会行为的重要性，能够自觉培养自己亲社会的行为；养成亲社会的习惯；了解社会，关注社会发展变化，并投身社会实践。树立"谦让""分享""助人""合作""同情""安慰"等亲社会的意识；培养亲近社会、服务社会、奉献社会的自觉性。

【活动流程】

1.课前准备

教师提前布置任务，对学生进行分组。

2.活动过程

活动一：

（1）（展示图片4-3-13所示）

图4-3-13　文明礼节

想一想：这些行为有哪些共同点？

试一试：自己还能举出哪些类似的行为？

议一议：为了让社会生活更加快乐，作为社会的一员，我们能做些什么？

（2）情境探究《狼孩的故事》

图4-3-14　狼孩的故事

思考：这个故事说明了什么？

提示：这个故事说明每个人的生存和发展都离不开社会，都会有一个社会化的过程。只有社会化的人才是真正意义上的人，只有在与其他人的交往中，人才能真正地成长和发展起来。

教师总结：在社会课堂中成长。

活动二：探究人的社会化过程

（展示图片）

图4-3-15　母亲抚育子女

图4-3-16　感受集体温暖

图4-3-17　老师教学

图4-3-18　社会劳动

（1）这几幅图片，分别表现了什么内容?

提示：这四幅图片表明了我们成长的社会化过程。图4-3-15是母亲抚育子女，教子女学习知识。图4-3-16是几名好友在一起玩乐，感受集体的温暖。图4-3-17是老师在教学。图4-3-18是社会劳动。

（2）这些活动对未成年人的成长有什么意义?

提示：这些活动是未成年人走向社会的开始，是未成年人了解、熟悉社会活动、社会规则的开始，是未成年人实现社会化的过程。这些活动，对未成年人的成长至关重要。它们有助于我们不断丰富知识，不断提高能力，不断增强规则意识，形成正确的价值观念，并逐步成长为一名合格的社会成员。

3. 探究社会生活

图4-3-19　社会关系

（1）阅读图片，分析我们从社会中获得了哪些需要的东西。

提示：通过图片，我们知道，我们可以在社会上获得粮食、获得书籍、购买衣服、乘坐公交车等。

（2）谈一谈我们能不能离开社会而存在。

提示：如果没有这些从社会上获得的物品和得到的便利，我们是不能在社会上生存的，所以我们要学会关心社会、奉献社会。

活动一：播放视频——白芳礼的故事

图4-3-20　白芳礼老人

（1）分析：白芳礼老人的行为是一种什么行为？

提示：白芳礼老人的行为是一种奉献社会、关爱学生的亲社会行为。

（2）作为中学生，我们如何向白芳礼老人学习？

提示：青少年正处于走向社会的关键时期，我们应该树立积极的生活态度，关注社会、了解社会、服务社会，养成亲社会行为。

教师强调：我们在社会生活中应互帮互助，尽自己最大努力向社会贡献自己的一分力量，从而感受到快乐，体会到社会温暖。我们亲社会的行为可以表现在多个方面：遵守规则、爱护环境、团结同学、互相谦让、彼此分享、帮助他人、关心社会发展等。

（3）如何养成亲社会行为？

提示：亲社会行为在人际交往和社会实践中养成。我们要主动了解社会，关注社会发展变化，积极投身于社会实践。在社会生活中，我们要遵守社会规则和习俗，热心帮助他人，想他人之所想，急他人之所急。

活动二：欣赏故事《公益活动》

中学生可以参加的公益活动有：宣传环保、交通知识，为灾区人民捐款、捐物，扶助老弱病残，到社区打扫卫生等。

图4-3-21　公益活动

提问：我们参加这些活动有什么意义？

提示：有利于我们养成良好的行为习惯，塑造健康的人格，形成正确的价值观念，获得他人和社会的接纳与认可。

【活动评价】

《在社会中成长》这一课的主要目标是引导学生积极参与社会生活，在社会生活中关爱其他社会成员，自觉服务社会、奉献社会，养成亲社会行为。本活动以让学生更直观地认识、抓住社会生活中的关爱他人、与人为善、服务社会、奉献社会为主题，围绕生活中人与人、人与社会的关系这条主线展开的。

（盱眙县铁佛中学　王大雷）

社会主题活动设计——合理利用网络

【活动名称】

合理利用网络。

【所属课程】

八年级上册第二课《网络生活新空间》。

【活动类型】

体验类活动。

【参与人员】

全体学生。

【设计意图】

互联网的迅速发展深刻地影响了人们的生活方式，工作、学习、娱乐、购物、交友等方方面面概莫能外，信息化、智能化的发展趋势让人们的生活更加便捷，离不开网络、离不开手机成为越来越多人的共同感受。

但在生活中，饭桌上、大街上时时处处都能看到"低头一族"的身影，这其中大多数还是成年人，而正处在身心成长阶段的青少年其实更容易受到网络的"影响"。在电脑、手机普及到千家万户的今天，引导学生正确认识网络并且合理利用网络有着重要的意义。

这个活动旨在让学生认识网络是一把"双刃剑"，让他们在这样的认知之下能自觉地合理利用网络，让网络助力其健康成长而不是成为"电子海洛因"。

【活动流程】

1. 5—6人为一组，提前安排好他们的任务，如让奇数组同学收集网络的优点，偶数组同学去收集网络的缺点。每组发放白纸和笔，可以在组内交流讨论，不管优点还是缺点都是越多越好。

2. 罗列好自己一方的观点后奇偶组同学之间进行辩论赛。

3. 获胜组发表感言。

4. 全员交流，分享感受。

师：网络有这么多优点，你准备好多加利用了吗？

生：……

师：网络也有这么多的弊端，你觉得该如何减小或避免其对我们的危害？

从整个辩论中你得到了哪些启示或收获？

生：……

……

【活动评价】

进入网络时代是时代的进步，海量的信息共享让每个人有更多、更省时省力的求知途径，但是伴随而来的也有信息的良莠不齐、鱼龙混杂。通过这个活动，希望学生能在辩证的认识网络这一工具之后，在今后的学习以及生活中正确看待网络、合理利用网络，趋利避害、健康成长。

（盱眙县第一中学　王麟）

社会主题活动设计——知识与实践哪个更重要

【活动名称】

知识与实践哪个更重要。

【所属课程】

八年级上册第十课《天下兴亡　匹夫有责》。

【活动类型】

体验类活动。

【参与人员】

全体学生。

【设计意图】

建设美好祖国、关心国家发展，需要每个人在不同的岗位上，通过不同的劳动为社会发展做出自己应有的贡献。那么，青少年作为社会的一员、国家未来的建设者，到底是学习书本知识更重要，还是社会实践更重要？教材设置了"探究与分享"环节，让学生谈谈对这两种观点的看法，旨在通过辨析让学生认识到学习书本知识和实践经验同样重要，只有掌握丰富的书本知识，积极参与社会实践，培养实践能力，才能真正担负起历史重任，建设美好祖国。

【活动流程】

1. 全班分组。学生对教材"探究与分享"中的两种观点做出选择，认为"学习书本知识更重要"的为正方，认为"实践更重要"的为反方。

2. 合作交流。持相同观点的同学按小组进行讨论交流，提供能够证明本方观点的论据事例。

3. 观点阐述。双方分别派出一名同学对本方观点做出观点阐述，并举例说明。

4. 自由辩论。双方对对方的阐述提出质疑和反驳，找出对方观点中的不科学不合理之处。

5. 教师概括。首先肯定辩论双方的可取之处，如思维活跃、具有逻辑性、语言准确、体态得体等；其次指出双方观点存在的片面性；最后总结：青少年要想为社会作出更大地贡献，不仅需要学习丰富的书本知识，而且需要参与社会实践，培养过硬的实践本领，要将二者有机结合起来。

【活动评价】

该活动作为第十课"建设美好祖国"的落脚点，关键就在于让学生真正做到知行统一，而不是仅仅将担负社会责任停留在口头上。该辨析活动的设置，对解决学生思维上的困惑具有重要的明晰作用。学生通过辨析，可以深刻理解书本知识，有助于为实践活动打下扎实的理论基础；同样，丰富的社会实践可以帮助学生加深对书本知识的理解和运用。只有这样，学生才能真正实现全面发展，做走在时代前列的学习者、劳动者、奉献者，才能担负起历史重任，让青春绽放出绚丽的光芒。

（涟水县郑梁梅中学　颜世东）

法治主题活动设计——网络是一把"双刃剑"

【活动名称】
网络是一把"双刃剑"。

【所属课程】
八年级上册第二课《网络改变世界》。

【活动类型】
体验类活动。

【参与人员】
全体学生。

【设计意图】

当今世界，日新月异的互联网不仅促进了社会生产的新变革，而且创造了人类生活的新空间。世界因互联网而更加绚丽多彩，生活因互联网而更加丰富多彩。但是互联网也带来了一些问题，如有人利用网络散布网络谣言、实施网络诈骗，侵害他人利益、危害社会稳定；有人沉迷于网络，影响学习、工作和生活；有人利用网络侵犯他人隐私等等。所以，我们要使学生认识到网络不但有利，也有弊端，学会理性利用和对待互联网，树立网络规则意识。

理性精神是思想政治学科的四大核心要素之一，培养学生的理性精神有助于他们坚守正确的价值取向，提高辩证思维能力，在实践创新中增长才干，成为有思想的中国公民。本活动旨在强化学生的观察、分析解决问题的能力，特别是提高学生的思辨能力，在此过程中，完成本节课内容的学习。

【活动流程】

活动一：

高考骗局再复苏：刘明炜同学准考证掉了，帮忙转发！

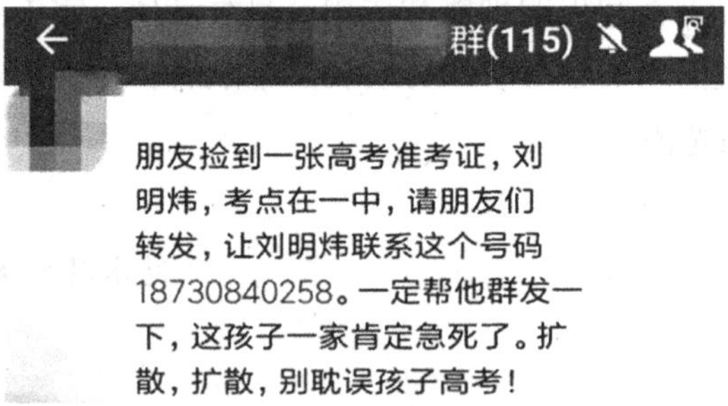

群(115)
朋友捡到一张高考准考证，刘明炜，考点在一中，请朋友们转发，让刘明炜联系这个号码18730840258。一定帮他群发一下，这孩子一家肯定急死了。扩散，扩散，别耽误孩子高考！

图4-3-22　微信谣言

师：你会帮忙转发吗？请简要说明理由。

中国警察网
今天 10:38 来自 Android
#微博辟谣#【捡到杨雷雷高考准考证是假消息】好吧，朋友圈疯传"捡到一张高考准考证，杨雷雷，考点在五中，请朋友们转发"等类似假消息。大家网上一搜就能搜到泰安版、莆田版、天水版、焦作版、咸阳版…杨雷雷
2分钟前
谣言！
3分钟前

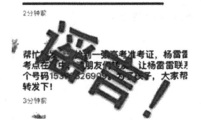

图4-3-23　说出不帮忙的理由

材料一：每年都会出现的这种丢准考证谣言，发布者到底抱着什么目的呢？台州市公安局网络警察支队副支队长表示，这类消息的发布者一般都是利用市民的好奇心和同情心，发布诸如丢失准考证等谣言，留下收费电话，一旦市民按电话号码回拨过去，并且按电话提示音操作，则会掉入收费陷阱。

师：结合材料一谈谈你有哪些启发？

小结：网络信息良莠不齐。

在网络时代，人人都能够参与信息发布，信息在变得丰富的同时，也不乏虚假的、不良的内容。这样的网络谣言严重扰乱我们的生活，侵犯我们的合法权益，败坏了社会风气，破坏了社会秩序，严重影响社会的和谐稳定。我们应该善于明辨是非，增强自我保护意识。

学习自我阅读：方法与技能P15。

活动二：网游的"我"（图片展示）

图4-3-24　网吧1

图4-3-25　网吧2

图4-3-26　课堂上的表现

材料二："他就坐在你的面前，却和你无话可说，一直低着头滑动着手机。"

"一个iPad，就把孩子的注意力全吸引过去了……"

"世界上最远的距离，不是天涯海角相隔，而是我在你身边，你却玩着手机。"

师：结合图片和材料二谈谈沉迷于网络会带来哪些危害？

小结：沉迷于网络，影响学习、工作和生活。

大量冗长信息干扰人们的选择，耗费人们的时间；碎片化信息则影响人们思考的深度；一些人因沉迷网络、虚拟交往而疏离了现实的人际关系。因此，我们利用网络应该科学、合理、有度。

活动三：观看视频《"精准"骗局真相——徐玉玉之死谁之过》

师：1.你认为徐玉玉之死谁之过？

2.你或家人遇到过个人信息泄露的事情吗？

3.我们应该如何保护自己的个人信息？

小结：在开放的网络世界里，信息泄露、手机窃听、窥密偷拍等侵犯个人隐私的行为，让人防不胜防。各种侵犯个人隐私的行为会给被侵犯者造成困扰和伤害，给社会带来恐慌和不安。

个人隐私容易被侵犯。

学生阅读相关链接：法律保护个人信息及隐私。

活动四：拓展空间见书本P16

结合上述材料，分小组讨论：新媒体给我们的生活带来了哪些利与弊？

提示：利——网络丰富日常生活；网络推动社会进步。

弊——网络信息良莠不齐；沉迷于网络影响学习、工作和生活；个人隐私容易被侵犯。

图4-3-27

【活动评价】

通过活动的开展与交流，让学生充分认识到网络不仅丰富了我们的日常生活，推动了社会进步，但也带来了一些问题，学会运用辩证的思维认识网络的作用，理性对待网络，树立网络规则意识和法治观念，从而提高学生分析和解决问题的能力、语言表达能力和团队合作能力，特别是辩证地看待问题的能力。

（盱眙县第一中学　谷士豪）

法治主题活动设计——社会生活有秩序

【活动名称】

社会生活有秩序。

【所属课程】

八年级上册第三课《社会生活离不开规则》。

【活动类型】

体验类活动。

【参与人员】

全体学生。

【设计意图】

社会是由人组成的，社会的发展、进步都需要一个有序的环境。同样，个人的生活、学习也离不开社会的秩序。秩序是由社会生活中的规范来制约和保障的。任何一个社会都有它的公共生活规范和要求。在当代社会，维护公共秩序对经济社会健康发展的重要意义愈加突出。

【活动流程】

学做小交警：

1. 我们学会了安全出行，如果看到身边有不安全、不文明的交通行为，我们该怎么做呢？

2. 让我们来当一当小交警劝劝他们吧！请看小品《请走人行道》：

小交通员学着交通警察的样子站在"十字路口"管理交通，一位大爷走在快车道上，小交通员上前说："老大爷您走错道了，行人应走人行道。"老大爷说："什么人行道、行人道？只要有道都能走。"小交通员说："行人要走人行道，这是交通规则啊！要是大家都乱走，那就容易发生交通事故。"老大爷听了连连说："对，对……"然后便向人行道走去。

3. 进一步思考人们为什么闯红灯？

4. 闯红灯有什么危害呢？

5. 同学们，要记住过马路请走人行道。

请听《交通安全拍手歌》，会念的队员请跟着一起念吧！

你拍一，我拍一，交通安全是第一。你拍二，我拍二，红绿黄灯要看清。

你拍三，我拍三，红停绿行保平安。你拍四，我拍四，大小拐弯别轻视。

你拍五，我拍五，交通事故像老虎。你拍六，我拍六，横过马路看左右。

你拍七，我拍七，不在路上玩游戏。你拍八，我拍八，文明走路返回家。

你拍九，我拍九，要按人行便道走。你拍十，我拍十，少年预防是大事。

6. 交流分享：请同学们讨论，如何整治闯红灯呢？

7. 倡议书：为了避免闯红灯给我们带来负面影响，使初中生养成良好的遵守交通秩序的习惯，请同学们书写倡议书，然后全班交流展示。

【活动评价】

随着公共生活领域的扩大，个人活动对他人和社会造成的影响也越来越大。社会成员无论职业、地位、身份如何，只要进入公共生活场所，都应当自觉遵守公共生活规则，这是维护公共生活秩序，促进经济社会健康发展的必要前提。从课前的准备到课堂的展示，学生热情参与的积极性非常高，使得明辨是非、语言表达等能力的教学目标基本得以实现。

（盱眙县河桥初级中学　马文洋）

法治主题活动设计——瓶口"脱险"

【活动名称】

瓶口"脱险"。

【所属课程】

八年级上册第三课《遵守规则》。

【活动类型】

体验类活动。

【参与人员】

全体学生。

【设计意图】

井然有序的社会生活离不开社会规则的维系。我国《宪法》规定,公民在行使自由和权利的时候,不得损害国家、社会、集体的利益和其他公民的合法自由和权利。自由不是随心所欲,它受道德、纪律、法律等社会规则的约束。规则意识也是现代社会每个公民都需必备的一种意识,自由与规则密不可分。通过活动,提高学生自觉遵守规则的意识和能力,与规则同行,自觉维护规则,遵守规则,共同创建和谐美好的生活。

【活动流程】

1. 活动准备:4—5人为一组,以小组为单位。每组准备一个酒瓶,每人准备一只筷子、一根0.5米长的细线、一个小于瓶口(也不能过小)的球形木块(或类似的物品),用细线一头拴住筷子,一端固定连接在木块上。

2. 活动过程:

(1)全班参与:4—5个人为一组,把系好的木块都放进酒瓶口内,看怎样用最少的时间、最快的速度提出酒瓶口。寻找对策并体会其中的道理。

(2)上台展示:教师通过巡查,选出4个小组到讲台上展示,看哪一组同学完成最快。让同学观察:他们为什么能以最快的速度挣脱瓶口、脱离"险境"?

3. 交流分享:

让落后的小组说说他们在"脱险"中遇到了哪些问题,再让优胜的小组代表介绍他们快速成功"脱险"的方法和经验,以及他们是怎么想的、怎么做的。

【活动评价】

通过活动，旨在让同学们认识到规则秩序的重要性，以及要想获得真正的自由，就不能随心所欲，必须讲秩序、遵守一定的规则。只有遵守交通规则，"红灯停、绿灯行、靠右行"，才能保证快速自由地通行。也正如"瓶口'脱险'"活动中所体现出来的：要想顺利"脱险"，必须制订合理的规则，并自觉遵守规则。同学们要增强规则意识，在日常生活中努力成为一名自觉守规的好公民。

（盱眙县第二中学　陈宗平）

法治主题活动设计——法律知识知多少

【活动名称】

法律知识知多少。

【所属课程】

八年级上册第五课《法不可违》。

【活动类型】

体验类活动。

【参与人员】

全体学生。

【活动意图】

培养同学们的法治意识、法治观念，是学法、知法、懂法、用法、守法的重要环节。加强学生对法律知识的认识，增强其法律意识。在活动的体验中使学生养成学法、懂法、守法的好习惯，从而自觉遵纪守法，纠正自我并能正确看待社会上一些违法犯罪现象。培养学生树立良好的道德意识，自觉的遵纪守法，做合格公民。

【活动流程】

1.收集有关的法律知识材料

查阅《未成年人保护法》、《预防未成年人犯罪法》、《义务教育法》等相关法律。

2.收集有关遵纪守法的案例。（校园欺凌事件频发）

3. 了解法律知识

从小知法、守法，对同学们来说非常重要。知法、懂法、守法是一个渐进过程，在生活中学生应主动学习一些基本的法律常识，能够运用法律武器保护国家利益、公众利益和自身的利益。

4. 法律知识竞赛

A. 竞赛以南北排双方打擂台的形式开展。

B. 竞赛分两部分，第一部分是必答题，答对加10分，答错不扣分；第二部分是抢答题，等主持人说开始之后，再举手。

情境一：小明觉得放假独自在家太闷，便上网开始是打游戏，后来玩腻了，便打开成人网去看。

情境二：小红到自选商场购物，看见一个装饰物很精致，趁售货员不注意，悄悄拿了放进自己的书包，并若无其事地走出了商场。

情境三：小强听了税法宣传员的动员，回家后，劝爸爸买东西时记住索要发票。他爸爸说："我们要发票干啥？又不能报销。"小强告诉爸爸："这是避免商家偷税、漏税的好办法，也是为国家做贡献嘛。"

情境四：小兵随老师、同学们到一旅游胜地游览。当他看到一棵参天古树上刻有名字时，在好奇心的驱使下，他也拿出小刀在树上刻上自己的大名，然后满意地离开。

以上情境，哪些是正确的？哪些是错误的？并进行简单评述。

5. 身边故事

2017年11月3日17时30分许，启东市公安局接到启东市第二中学老师报警称，该校学生遭受校园凌辱视频在互联网上传播。启东警方遂介入调查。

警方查明，10月18日，黄某（男，16岁）与夏某（男，15岁）在校内因掀衣服发生矛盾，后夏某与黄某某（男，15岁，均为同班同学）商量要整蛊黄某。10月20日午休时，黄某某将黄某拉入该校学生宿舍内，伙同夏某对黄某进行殴打，并强迫其一口吞下一块饼干。黄某在吞咽饼干期间曾称咽不下去，但黄某某却随手将未喝完的冰红茶递给黄某，并在黄某喝时踢其手中的冰红茶瓶，引起围观学生嬉笑。随后，黄某某与夏某又对黄某进行殴打。有围观同学拍摄了该事件视频，后该视频在网络上传播。

如何看待校园欺凌事件？

【活动评价】

知法懂法是前提，用法守法是建设社会主义法治社会的根本，遵纪守法是每个公民应必备的道德品质，是现代社会对每个公民的基本要求。没有规则意识和法制观念，社会将会乱如麻，一团糟。人人学法、懂法、知法、用法，才能构建和谐法治社会。

（盱眙县河桥初级中学　姜伟）

法治主题活动设计——法在我身边

【活动名称】

法在我身边。

【所属课程】

八年级上册第五课《法不可违》。

【活动类型】

体验类活动。

【参与人员】

全体学生。

【设计意图】

通过创设情境、典型案例分析等形式，使学生能够辨识并警惕各种违法行为，提高守法意识，树立正确的法治观念和人生观，懂得依法规范自己的行为，养成自觉遵守法律的行为习惯。

【活动流程】

1.课前准备

（1）教师提前布置任务，请几个同学做好小品表演的准备。

（2）学生预习教材，并查阅相关的法律条文，为了解各种违法行为作好铺垫。

2.课堂活动：小品表演

情境一：中学生李明骑车上学，在行至一十字路口时，遇到红灯，他环顾四周没有行人和车辆，心想上学就要迟到了，为了不被老师批评，于是便闯了红灯。

情境二：李明自结识了社会上的一些不良青年后，逐渐无心学习，经常逃课、出入网吧、歌舞厅，打架斗殴等。虽受到学校的多次纪律处分，却仍不思悔改。自从迷上网络后，他多次谎称买文具，向几个好朋友借钱，并保证一个月还钱。可一个月到期后，他却耍赖不还。

情境三：为了弄到钱玩网络游戏，李明和他的"好哥们"竟持刀拦路抢劫，将受害人吴江刺伤，致其死亡，抢得人民币500元。最终，李明……

（1）学生表演小品。

（2）请每个学生当评委，根据表演者的语言表达、眼神动作、表情、语气等方面做出客观公正的评价。

（3）如果能将故事的结局表演出来，则另外加分。

（4）师：请你当回小法官，查阅相关的法律条文，你认为应该怎样进行判决？李明应承担哪些法律责任？

学生分组讨论，写出判决结果，并说出法律依据。

（5）交流分享。

师：看了李明的故事后，我们青少年应从中吸取什么教训？

生：回答略。

【活动设计】

由于法律的一般知识相对于初中学生而言比较抽象，因此活动设计以创设情境，分析真实案例为主，充分激发了学生的学习兴趣、探究的热情和动力，引导学生运用法律知识分析案例，加深对所学知识的理解。学生在活动中增强了法律意识，提高了学习和运用法律的能力，在生活中争做一个知法、守法、护法的合格公民。

（涟水县郑梁梅中学　郝艳花）

法治主题活动设计——让我们远离不良行为

【活动名称】

让我们远离不良行为。

【所属课程】

八年级上册第五课《预防犯罪》。

【活动类型】

体验类活动。

【参与人员】

全体学生。

【设计意图】

青少年时期是人生的关键时期，在这一时期，学生的基本价值观和人生观都会逐渐形成，所以让学生远离不良行为、养成良好的行为习惯，是中学素质教育的重要内容之一。各种不良行为会为学生带来不同程度的危害，影响他们正常的学习和生活，不仅污染了校园的清新空气，而且不利于他们健康成长，甚至可能会发展成为违法犯罪。

由于个人受到家庭、社会、学校以及自身心理素质等的影响，部分学生会形成各种不良行为，本次活动旨在让学生认识到现实生活中不良行为的产生原因、危害、整改措施，引导学生用坚强的意志、正确的方法摆脱其干扰，自觉遵纪守法，防患于未然，过科学、健康、文明、充实的生活。

【活动流程】

1. 课前准备

设计好打分表格并打印成纸质稿（每人一张）、不同彩色的A4打印纸每个小组各1张、通过小组抽签确定汇报式演讲竞赛顺序、在班级墙面设计一个《"远离不良行为"园》的宣传栏（无内容）。

2. 本次活动采用分组竞赛形式，评分制，把班级分成若干个小组，每个小组推选一个负责人，负责主持本组工作并参与评价环节，老师负责督导和统计各小组最终得分。

3. 用PPT展示中学生日常生活中的各种不良行为：考试作弊、旷课、夜不归宿、辱骂他人、强行索要财物、打架、赌博、偷窃等。各组自行围绕一个话题（选择一个不良行为，不要重复）展开，分别由各组负责人主持活动并记录相关内容，主要围绕着这种不良行为产生的原因、危害、整改措施等展开。

4. 4—5名同学为一组，围坐一圈。每一位同学先独立思考再写在纸上，然后小组讨论交流，负责人分条记录汇总。

5. 各小组依照抽签顺序安排一名小组成员（口头语言表达能力较强的）上台进行汇报式演讲，展示小组活动成果。其他各小组成员认真听、认真思考、分析记录不足之处，并填写自己的打分表，一并交给小组负责人，小组负责人统计出小组平均分并展示于众，然后小组负责人站在自己的位置上对上一个小组的演讲进行评价：主要是针对不足之处进行更正补充完善；上一个小组的负责人认真及时的记录相关内容，并认真抄写于彩色A4打印纸上；最后，所有小组负责人把本组最终成果张贴于班级墙面的《"远离不良行为"园》中。

6.教师根据收集到的各小组平均分进行汇总，确定每一组的最终得分，并书写于黑板上，从而评选出表现最佳的前三个小组。

7.全员交流，分享感受。

师：通过今天的汇报式演讲竞赛活动，你得到了哪些启示或收获？

生：我要远离考试作弊。

生：我要远离不良行为，构建和谐校园。

生：我们要从小事做起，不沾染不良习气，自觉遵纪守法，避免违法犯罪。

……

【活动评价】

每个人都有自己对生活中不良行为的不同认识和感受，通过本次活动学生们各抒己见、集思广益，既培养了他们的思辨精神、语言表达能力，也使他们更加理性、科学的理解和处理不良行为。本次活动有利于学生高筑情感、意志、道德、法律的堤坝，将不良行为拒之门外；有利于学生增强法治观念，自觉守法；有利于学生拥抱多彩的生活，开创美好的未来。

（盱眙县实验初级中学　姜波）

法治主题活动设计——你该怎么办

【活动名称】

你该怎么办。

【所属课程】

八年级上册第五课《善用法律》。

【活动类型】

体验类活动。

【参与人员】

全班学生。

【设计意图】

思品课教学中存在着重认知轻运用、重道德轻法律的现象。设计此活动的目的，就是要让学生认识到：当我们的合法权益受到侵害时，既不能忍气吞声、息事宁人，也不能采用非法的手段打击报复，其正确的做法是运用法律的武器来维护自己的合法权益。

【活动流程】

1. 课前准备

（1）教师提前选好情景再现的表演者，编排好表演内容，准备好表演道具。

（2）调整好班级课桌摆放位置，围成大圈，中间作为表演场地。

2. 教师简要介绍本次活动目的，提出活动相关要求。

3. 让同学们自主选择，分成三组，组成三名表演情景再现同学的后援团。

4. 情景再现表演，提醒其他同学注意观看并思考三名同学的表现。

情景再现内容简介：

杨某、陈某、王某相约周末去体育馆打球。他们三人还没运动完时，陈某就发现自己的鞋子脱胶坏了。陈某说，这是前天他爸才帮他买的，刚两天就坏了，老板卖的肯定是假冒伪劣产品，不但应让老板三倍赔偿还要让他爸好好教训老板一顿。

结束后他们三人在附近的小卖部买了饮料，但感觉味道不对，仔细检查发现饮料早已过期。杨某说，几块钱的事，算了吧！就当给自己买个教训。

在回家的路上，一个骑电瓶车的人闯红灯，撞到了王某的腿上。王某感觉腿部很痛，应该是受伤了。骑电瓶车的人却说，只是碰了下，小孩恢复快，没事，准备给50元私了。王某表示报警后看警察如何处理，随即拨打了报警电话。

5. 请三组同学积极讨论，并且每组选出发言人，点评代表本组表演的同学做法是否恰当。

6. 再让学生思考并讨论，这三种情况如果自己遇到了，你该怎么办？

7. 讨论并总结，我们维护自己合法权益时的正确做法。

【活动评价】

学生能积极参与课前准备，三名同学的表演恰到好处。讨论过程中，学生能积极发言，充分表达自己的见解，懂得当合法权益受到侵害时应正确维护自己的合法权益。

（涟水县红日中学　李红年）

法治主题活动设计——依法维权我在行

【活动名称】

依法维权我在行。

【所属课程】

八年级上册第五课《善用法律》。

【活动类型】

体验类活动。

【参与人员】

全体学生。

【设计意图】

学生要掌握自我保护的方法和技能，知道获得法律帮助的方式和途径，勇于并善于同违法犯罪行为做斗争。然而现阶段的初中生缺乏一定的自我保护意识，易受到伤害，而且对依法维权的认识和实践都存在一定的偏差，所以有必要向学生介绍维权的途径和方法，以促进学生的健康成长。这个活动旨在提高学生的法律意识，强化学生的法治观念，进而提高学生依法维权的能力，使他们学会运用法律武器维护自身合法权益。

【活动流程】

1. 课前准备

请同学们依据下列剧本进行小品表演：长相秀气的小丽同学，有天在逛街时发现，之前自己拍照的照相馆把自己的照片张贴了出来，小丽顿时就很生气，立即进去找老板理论。老板见到小丽后，并没有对小丽进行过多解释，就把小丽赶出照相馆。小丽气不过，当场就把放有她照片的橱窗砸破了……

2. 4—5名同学为一组，分小组讨论：小丽的这种做法对吗？假如你是小丽，你会怎么做？

3. 小组展示。要求：

（1）每个小组展示不同的做法。

（2）语言简练，主题突出。

（3）小组长在介绍完内容后做相关总结。

4.全员交流，分享感受。

师：为什么你会选择用这种方法？

生：……

师：听完大家说的做法后，你知道以后遇到类似的情况时，应该怎么做了吗？

生：……

师：是的，在日常生活中，我们要学会用法律与人打交道。在遇到法律问题或者权益受到侵害时，要及时寻求法律救助，依靠法律来维护自己的合法权益。我们可以通过法律服务机构（如：法律服务所、律师事务所、公证处、法律服务中心等）来维护合法权益。当合法权益受到侵害时，我们可以向公安机关、人民法院或人民检察院中的任何一个机关控告、举报，必要时，我们也可以直接向人民法院提起诉讼。

【活动评价】

初中生容易意气行事，在遇到侵犯自己权益的事情时，会逞一时之能，想要证明自己的"能耐"。而这个活动正好告诉处于叛逆期的学生们什么事情能做，遇到事情应该怎么做才是正确的，怎么做才是符合法律道德规范的。在活动过程中，应尽可能开发学生的发散性思维，让学生多想出一些做法。而活动最终的目的是要学生学会用法，真正做到知法、用法，依法维权。

（盱眙县实验初级中学　邱静影）

国情主题活动设计——看图说话

【活动名称】

看图说话。

【所属课程】

八年级上册第八课《国家好　大家才会好》。

【活动类型】

体验类活动。

【参与人员】

全体学生。

【设计意图】

这个活动旨在使学生懂得维护国家利益是实现国家富强、民族振兴、人民幸福的重要保证，帮助学生提高自身的爱国意识，培养学生国兴我荣、国衰我耻的价值观，增强学生维护国家利益是每个公民义不容辞的基本义务的意识，使他们懂得国家利益与人民利益在根本上是一致的。

【活动流程】

1. 展示八国联军入侵中国时烧杀抢掠的图片。

2. 展示南京大屠杀时的图片。

3. 展示叙利亚战乱时的图片。

师：请同学们讨论交流观后感。

4. 展示新中国成立后，特别是改革开放以后，反映我国不断走向富强的系列图片。

师：通过前后两组图片的比较，大家有何感受？

生：……

师：我们幸福的生活、安定的生产、和谐的秩序都与国家密切相关，没有大家，就没有我们的小家，国家好，大家才会好！

【活动评价】

通过这个活动，学生可以进一步认识到国家利益与人民利益的关系，有助于培养学生的爱国意识，让他们学会维护国家利益，并把国家利益、民族利益和人民利益紧密联系在一起。

（盱眙县开发区实验学校　杨生柱）

国情主题活动设计——时政播报之国家利益

【活动名称】

时政播报之国家利益。

【所属课程】

八年级上册第八课《坚持国家利益至上》。

【活动类型】

体验类活动。

【参与人员】

全体学生。

【设计意图】

让学生收集、整理时政资料，就是促使学生把目光从自身和家庭的狭窄空间投向辽阔的社会大舞台，让他们去关注、体会世界的变化，感受时代的脉搏，从而培养学生关心社会、关心国家、关心人类的良好品质，培养他们认识社会、适应社会的能力。这样的活动突出了学生的主体地位，既让学生去看、去读，调动学生自主参与的积极性，也使学生动手（搜集、整理材料）、动口（口头表达）、动脑（观察问题）的能力得到锻炼，基本落实了本课国家利益至上的教学目标。

【活动流程】

1. 课前准备

（1）分工：每组6—8人，新闻收集员（2人）、稿件编辑（2人）、时政播报员（2人）、问题设计员（2人）。

（2）搜集资料：新闻收集员应提前1—2天搜集新闻资料，内容应以国家利益至上为主。参考报刊：人民日报、新华日报、半月谈、中学生时事政治报等。参考网站：新华网http：//www.xinhuanet.com/、人民网http：//www.people.com.cn/、中央人民政府网http：//www.gov.cn/、大众网http：//www.dzwww.com/、时事一点http：//www.ssydt.com/等。

2. 新闻播报

如：新闻（1）2017年11月28日，朝鲜再次对抗国际社会。无视联合国决议，发射了一枚洲际弹道导弹。与之前的导弹相比，该导弹的弹道更高。如果按照理想弹道飞行，其射程为1.3万公里，足以威胁到整个美国本土。中方敦促有关各方不要再做相互刺激、加剧地区局势紧张的事。希望各方都保持冷静，共同维护半岛和平稳定。

新闻（2）2017年12月13日上午，习近平总书记出席南京大屠杀死难者国家公祭仪式。习近平说，无论是历史的美好，还是历史的灾难，都需要真实。前事不忘，后事之师。我们要擦清历史的镜子，抹去灰尘，以史为鉴，走好未来的路。

新闻（3）2017年11月26日，中国足协就U20选拔队在德国比赛期间受到"藏独"分子干扰一事，经反复磋商，德国足协表示无法控制此类事件发生，中国足协为此感到遗憾，但国家核心利益不能因任何原因而受到损害，因此决定中断U20项目合作，并已安排队伍回国。

3.提问

（1）以上几则新闻共同反映了什么样的主题呢？

（2）对我们维护国家利益有何启示？

4.评分

由播报小组依据评分标准对被提问同学进行打分，得分要当场公示，评分要公正，得分最终由老师决定。

5.交流讨论、点拨，如：增强危机意识、增强爱国情感、增强责任感等。

【活动评价】

实践证明，加强时政教育，不仅能调动学生的学习积极性，开发他们的非智力因素，而且能强化学生对教材知识的认识和掌握，提高他们分析问题、解决问题的能力，大大增强教学效果，使学生的综合素质得到有效的提高。在教师的引导和主持下，活动有序地进行，让学生认识到坚持维护国家利益至上，帮助学生提高时政信息收集能力，解决如何维护国家利益的教学目标也得以实现。

（盱眙县实验初级中学　吕从伟）

国情主题活动设计——国家安全知多少

【活动名称】

国家安全知多少。

【所属课程】

八年级上册第九课《树立总体国家安全观》。

【活动类型】

体验类活动。

【参与人员】

全体学生。

【设计意图】

"国家安全"关乎国家长治久安和稳定发展，更关乎人们的幸福美好生活。青少年是国家的希望，民族的未来。因此，在青少年中开展国家安全教育，使其系统了解各领域的国家安全形势，提高他们的国家安全意识，引导他们从小树立"国家安全、荣誉和利益高于一切"的安全观，提高其甄别不同信息的能力十分重要。

【活动流程】

1. 课前准备

（1）要求学生查阅国家安全观的相关资料，自主学习一遍。

（2）分小组布置任务：每个小组都要负责收集人民幸福生活场景的图片。（也可以拍自己及家人、朋友的幸福生活照片）

2. 活动过程

活动一：在现实生活中，公民对国家安全有怎样的认知？有没有将自己当作"局外人"？在第二个全民国家安全教育日前夕，《法制日报》记者通过以网络问卷调查与实地采访的形式对此进行了调查，90%的受访者不清楚国家安全体系。作为八年级学生的你知道国家安全包括哪些内容吗？（提示学生齐读课本P97的相关链接，指导学生画出"国家安全"这个核心概念）

活动二：我国要构建的国家安全体系包括11个方面的基本内容，即政治安全、国土安全、军事安全、经济安全、文化安全、社会安全、科技安全、网络安全、生态安全、资源安全、核安全，请分别举例说明。

【活动评价】

此次活动小片段来源于学生生活，既恰当又接地气，学生很感兴趣，在轻松愉快的氛围中，学生既掌握了知识，也提升了能力，收到了很好的效果。

（盱眙县第六中学　刘志刚）

国情主题活动设计——我是国家安全卫士

【活动名称】

我是国家安全卫士。

【所属课程】

八年级上册第九课《维护国家安全》。

【活动类型】

实践类活动。

【参与人员】

全体学生。

【设计意图】

公民有维护国家安全的义务，人人都是维护国家安全的主角。然而，对于八年级的学生而言，生活的范围和生活的经历极其有限，使得他（她）们对于国家安全这个宏大的命题缺乏感性的认知，对于自己参与维护国家安全就更加无从下手。因此，有必要通过活动将国家安全这个概念具体化、形象化。只有知道国家安全是什么，在此基础上才能履行维护国家安全的义务。

【活动流程】

1. 课前准备

教师提前布置任务，让全班同学通读本课教材，对不太懂的国家安全方面的术语到网上查阅资料、搜索图片、观看相关影视作品。

2. 活动过程

活动一：假如我是国家安全卫士，我会选择（职业）维护国家安全

（1）学生在空格中填写一项职业，并上黑板展示。（如：特工、卧底、网络警察、消防员、海关动植物检疫员、核专家……）

（2）选择同样职业的学生编成一组。

（3）让学生在组内讨论：该项职业对于维护国家安全发挥什么作用？或维护了什么领域的国家安全？

（4）结合该职业对于国家安全的作用，各小组给自己组取个霸气的名称并上黑板分别展示。

（如：特工008，潜伏者，网警110，烈火勇士，生态卫士，核武守护神……）

活动二：假如我是国家安全卫士，为了满足维护国家安全需要或消除危害国家安全的现象、言行，我会……

（1）各小组围绕活动二，展开想象，填写相关内容。

（2）各小组分别展示，在上述岗位遭遇何种情况，采取何种措施，维护国家安全。（如：作为特工，发现间谍，将其抓获；为了国家的利益，奉命潜伏，收集情报；为了网络秩序和国家安全，监控非法网站，及时发现违法犯罪线索；为了人民生命和财产安全，奋力灭火，水中救生；为了生态安全，睁大警惕的双眼，绝不轻易放过外来可疑物种……）

【活动评价】

无论是课前准备还是课中展示，学生都能保持较高的积极性。因为，几乎所有的孩子都喜欢畅想未来，尤其是保家卫国争当英雄，此次活动满足了孩子渴望获得尊重、获得成功的梦想。对于国家安全的主题，影视作品、文学作品、甚至是各种游戏中的情节、场面或素材都很丰富，学生都有其相关的表象储备，只需要老师选好一个巧妙的"阿基米德点"撬开学生思维的闸门就行了。通过活动，让学生明白国家安全涉及国家、社会、公民工作生活的方方面面。因此，人人都是维护国家安全的主角的道理就不言自明，如何维护国家安全也就变得简单易行。

（盱眙县实验初级中学　蔡友兵）

国情主题活动设计——我眼中的祖国发展

【活动名称】

我眼中的祖国发展。

【所属课程】

八年级上册第十课《关心国家发展》。

【活动类型】

体验类活动。

【参与人员】

全体学生。

【设计意图】

为了让学生进一步领略建国60多年和改革开放30多年的伟大成就，庆祝党的十九大的胜利召开，激发学生的爱国主义情感，增强学生的集体荣誉感，进一步加强未成年人的思想道德建设，引导学生热爱祖国、热爱家乡，应该从身边的小事做起，全面提升学生的爱国情怀，进一步培养学生的《道德与法治》学科的学科核心素养，从而使其成为一个有责任、有担当、有能力、有自信的社会主义合格接班人。

【活动流程】

1. 课前准备

教师提前布置任务，对全班进行分组，选出若干组长，并由各组长明确分工，由老师提供技术支持并担任顾问，家长配合收集整理所需要的相关材料和实物，同时每组选出一位评分员进行评分，评价各组收集资料情况。

（1）分小组展示。

① 形式分为：文字展示，图片展示，视频展示，实物展示；

② 组长进行相应内容介绍；

③ 小组长在介绍完内容后作相关总结。

（2）评分员和小组成员讨论评分。

① 每组的评分员只给除本组以外的小组打分；

② 可在本小组内部讨论并达成共识；

③ 评分标准：文字展示1分，图片展示3分，视频展示5分，实物展示10分；

④ 把各组最终得分上报老师。

2. 由组长做总结陈述

（1）介绍收集内容的过程；

（2）介绍收集过程中采用的技术手段；

（3）分享收集过程中得到的帮助和遇到的困难；

（4）与其他小组比较，可再优化的内容；

（5）对未来生活的展望。

3. 公布分数

（1）公布各小组评分结果；

（2）老师结合实际情况二次加分；

（3）公布各小组最终得分。

4. 学生谈本次活动的收获

【活动评价】

1. 从课前的准备到课堂的展示，学生参与的积极性非常高涨，他们认真准备，热情参与。

2. 活动准备过程涉及面较广，本次活动由课内拓展到课外，由个人拓展到家庭，由家庭拓展到社会，使得祖国的变化过程让更多的人回顾、分享、体会。

3. 收集资料方法多样。很多学生动用了报纸、网络等技术手段进行资料的收集整理；有的学生发动家长的力量，帮助收集实物；更有学生利用手机拍来视频，让爷爷奶奶等长辈谈过去的艰苦生活。

4. 本次活动本着让每一个学生都参与其中，通过活动的准备、展示、分享等过程，通过网络等媒体的资源收集，通过与家人的交流沟通，通过对社会的接触和感受，让每一个学生切实感受到祖国建国60多年和改革开放30多年来的伟大成就，体悟国家的繁荣和富强，增强其自豪感和自信心。

（盱眙县实验初级中学　孟祥吉）

心理主题活动设计——组字活动

【活动名称】

组字活动。

【所属课程】

八年级上册第三课《遵守规则》。

【活动类型】

体验类活动。

【参与人员】

全体学生。

【设计意图】

教育的本质应该是人的教育，是为了人的一生发展的教育，其根本在于引导和唤醒，引导和唤醒每个生命中最有价值和最有能量的一面。让学生自己去发现、去探索自己和他人优秀的一面，这其中就包括如何看待自己，如何与他人相处、如何与社会相处。

对于这一点，当前的一些教育往往只顾着去告诉学生一些空洞的理论去应对考试，在面临具体的问题时往往束手无策。因为学生本身没有体验，没有感悟。但在生活中，许多学生有太多不正确的规则观念，例如在生活学习中只想着把别人踩下去，突显自我，这不是一种正常的心态。针对这一状况，我在设计这个活动时，通过具体的活动让学生自己去感悟、去探索，目的是让学生发现自己和他人优秀的一面，去唤醒自己内心深处的善，让学生友好的对待自己周围的同学，进一步明晰只有遵守规则，才能利人利己。

【活动流程】

1. 课前准备

全体学生提前分成6组，每组均设有小组长、记录员、纪律组长职务，并且明确各自的职责和义务，同时要求每组确定一个书写人。

2. 展示问题

本次组字活动——"口"字加两笔组成另外一些字，宣布活动开始，在多媒体上展示活动倒计时5分钟，同时宣布获胜组会获得一些奖励（暂时保密）。

3. 分组讨论

全班同学按照各自分组讨论组成的一些新的汉字，教师在旁边给予指导，避免学生游离于讨论之外，及时解决活动中所面临的一些问题。

4. 展示交流

学生展示，教师随机抽取3组，让学生在黑板上写出来（并提出相应的要求：字迹清楚），教师宣布结果（以写出汉字的数量为准）。

5. 交流分享

师：你们这一组为什么能够写出那么多汉字？（获胜组）

生：……（目的引导学生说出获胜的原因是在于组员各司其职，遵守规则）

师：看到你们这一组虽然很努力，但仍没取得理想的成绩，你想对获胜的组说些什么呢？

生：……（目的在于引导学生说出失败的原因是在于组员规则不明，不守规则，如有时间进一步引申规则不是一成不变的，可以积极改进规则）

【活动评价】

"口"字加两笔的组字活动，用具体形象生动的形式，来活跃课堂气氛和激发学生知识的碰撞，让学生学会联想和创新。在这个过程中，引导学生明晰遵守规则要从自己做起，同时可以提醒、帮助他人遵守规则。整个过程以让学生体验和表达为主，从而帮助学生树立正确的规则意识，在其原有知识的基础上进行升华。

（盱眙县第二中学　过军）

实践主题活动设计——我奉献　我快乐

【活动名称】

我奉献　我快乐。

【所属课程】

八年级上册第一课《在社会中成长》。

【活动类型】

体验类活动。

【参与人员】

全体学生。

【设计意图】

为了提高学生的社会实践能力；让学生在付出爱心的过程中体会到奉献的快乐；培养学生的社会责任感、团队精神。

【活动流程】

1. 每人在假期参加一次公益活动，可以是以集体为单位的，也可以是以个人名义做的一些好事。

中学生可以参加的公益活动有：宣传环保、交通知识，为灾区人民捐款、捐物，扶助老弱病残，到社区打扫卫生等。

2. 展示图片，全员交流，分享感受。

师：我们参加这些活动有什么意义？

生：……

师：你的感受是什么？你得到了哪些启示或收获？

提示：有利于我们养成良好的行为习惯，塑造健康的人格，形成正确的价值观念，获得他人和社会的接纳与认可。

生：……

【活动评价】

学生参与社会的过程，既是体验社会生活的过程，也是在实践中发展和成就自己的过程。我们只有主动关心社会，积极融入社会，倾力奉献社会，才能实现自己的人生价值。为了更好地适应社会，我们要养成亲社会行为，从而实现自己的人生价值。

（盱眙县第一中学　陈越）

　　活动教学的思想由来已久，诸多专家学者及广大一线教师围绕活动教学的研究与实践从未间断，促使我们持续深入研究的原因有三：一是2010年颁布的《国家中长期教育改革和发展规划纲要（2010—2020年）》、2011年教育部颁布的《思想品德课程标准》都强调"注重与社会实践的联系，引导学生自觉参与丰富多样的活动，在认识、体验与践行中促进正确思想观念和良好道德品质的形成与发展""注重课内课外相结合，鼓励学生在实践中进行积极探究和体验，通过道德践行促进思想品德的健康发展"；二是伴随着《中国学生发展核心素养》的正式发布，《高中思想政治课程标准》于2016年重新修订，高中《思想政治》学科课程更改为"活动型课程"，这一课程类型的创新之举，无疑再次凸显了新的教育改革背景下活动教学的重要地位；三是教学中"重智轻德"、学生"知行不一"的现象依然普遍存在。

　　在多年的研究实践中，我们致力于跳出传统教学的应试窠臼，积极回应时代的召唤，勇担思品学科的育人使命；突破传统教学的时空局限，形成思品学科丰富、系统、开阔的"学习场域"；超越传统教学的内容框架，为学生提供花式多样、营养丰富的"学习套餐"。

　　部编初中《道德与法治》教材自2017年秋季在全国统一使用，围绕新教材的活动教学研究刚刚开启，为激发教师的研究热情和智慧，为进一步使用好新教材奠定基础，我们就《道德与法治》七年级上下册、八年级上册组织开展了活动案例征集评比活动。在此基础上遴选出一套活动案例，连同我们对活动教学的思考与实践编印成此书，旨在交流研究成果，为广大同行提供教学借鉴与参考。

　　由于编者的经验和水平有限，本书的疏漏和错误在所难免，敬请各位专家、同行批评指正，邮箱：jhwgywf@163.com。

王　芳

2019 年 2 月于江苏金湖